유쾌한 여행 중국어

지은이 | HD어학교재연구회

외국어 초보자를 위한 단어&어휘 분야, 회화 입문서 등의 어학교재를 개발하고 기획 편집, 집필하였다. 주요 저서로는 〈니하오! 생활중국어 100〉 〈365일 Let's talk! 상황중국어 핵심표현〉 〈우리말처럼 바로바로 써먹는 중한 한중 필수단어왕〉 〈왕초보 뉴플러스 중한단어왕〉 〈30일 매일매일 혼자서 끝내는 일상생활 중국어스피킹〉 등이 있다.

Let's go
유쾌한 여행중국어

지 은 이 HD어학교재연구회
본 문 편 집 김현우
디 자 인 오르고(book@designer.korea.com)

펴 낸 날 2018년 3월 10일 초판 9쇄 발행
펴 낸 이 천재민
펴 낸 곳 하다북스
출 판 등 록 2003년 11월 4일 제9-124호
주   소 서울시 강북구 오패산로30길 74 경남상가 201호
전   화 영업부 (02)6221-3020 · 편집부 (02)6221-3021
팩   스 (02)6221-3040
홈 페 이 지 www.hadabook.com

copyright ⓒ 2018 by Hadabooks
ISBN 978-89-92018-43-2 13720

* 가격은 뒤표지에 있습니다.
* 잘못 만들어진 책은 구입하신 서점에서 교환해 드립니다.

주머니 속 나만의 **여행통역사**

Let's Go 유쾌한

여행 중국어

HD어학교재연구회

하다북스

머리말

祝你旅行愉快!

이제 여행을 떠나실 준비를 다 마치셨나요? 여권을 준비하고 항공권과 숙소를 예약하고, 여행가이드북과 인터넷에서 여행정보를 찾고, 떨리는 마음으로 여행 가방을 챙기고…….
그러다 문득 떠오르는 "아차!" 하는 생각들, '아, 중국 사람을 만나면 어떻게 말하지?' '예기지 못한 상황을 당하게 되면 어떻게 대처하지?' 이런 생각이 들면 누구나 갑자기 불안한 마음이 들고, 중국에서의 언어문제를 고민하게 됩니다. 이럴 때 한방에 바로 통하는 〈Let's go 유쾌한 여행중국어〉가 꼭 필요합니다.
이 책은 중국에서 바로 쓸 수 있는 실용적인 내용을 수록하여 언제 어디서든지 찾기 쉽고 바로바로 활용할 수 있는 필수 여행가이드북입니다.
알짜 여행정보, 중국에서 바로 쓸 수 있는 상황별 핵심표현 BEST 10, 꼭 필요한 기본표현, 상황에 맞게 골라 쓰는 최신 중국어표현, 바로바로 찾아 쓰는 분야별 여행단어 등으로 나눠 여행에 필요한 표현을 한눈에 알아볼 수 있도록 구성하였습니다.
휴대용가방에 넣고 다니면서 언제나 꺼내볼 수 있는 〈Let's go 유쾌한 여행중국어〉! 이 책 한 권이면 여행지에서 당당하게 자기표현을 할 수 있겠죠?
"祝你旅行愉快(쭈니 뤼싱 위콰이)!!"
멋진 낭만과 추억이 가득한 즐거운 여행이 되시기 바랍니다.

이책의 구성

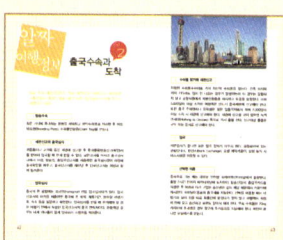

알짜 여행정보 Tip
꼭 필요한 사전 정보와 여행지에서 유용한 정보를 정리하였습니다.

상황별 핵심표현 BEST 10
각 Part별로 상황별 핵심 표현을 따로 모아서 한눈에 알아볼 수 있도록 하였습니다.

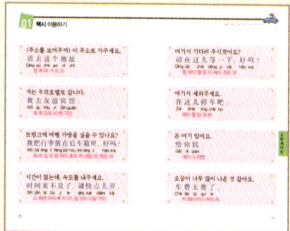

상황에 맞게 골라 쓰는 최신 중국어표현
현지에서 꼭 필요한 최신 여행 표현만을 엄선하였습니다. 한국어와 원어민의 생생한 중국어 표현이 함께 녹음된 MP3를 들으면서 문장을 연습하세요.

바로바로 찾아 쓰는 분야별 여행단어
공항, 기내, 교통, 호텔, 식당, 관광, 쇼핑 등 바로바로 찾아 쓸 수 있는 유용한 단어들을 분야별로 정리하였습니다.

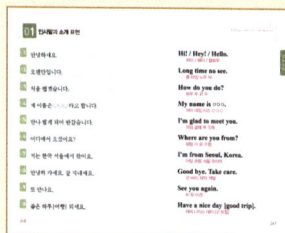

중국에서 바로 통하는 필수 영어표현
여행을 하면서 중국어 표현이 서투를 때를 대비하여 중국에서 통하는 기초 영어 표현을 수록하여 상황에 맞게 골라 쓸 수 있습니다.

중국어 발음

중국어의 한자는 뜻글자이기 때문에 한 글자마다 로마자로 만든 한어병음자모에 따라 발음을 표기해야 합니다. 한어병음자모는 21개의 성모(声母)와 16개의 일반 운모(韵母), 그리고 결합운모로 이루어져 있습니다.

1 | 성모(声母)

표음문자의 자음과 같은 것으로, 발음 부위와 방법에 따라 '쌍순음(双唇音 : b, p, m), 순치음(唇齿音 : f), 설첨음(舌尖音 : d, t, n, l), 설근음(舌根音 : g, k, h), 설면음(舌面音 : j, q, x), 권설음(卷舌音 : zh, ch, sh, r), 설치음(舌齿音 : z, c, s)'으로 분류할 수 있습니다. 21개의 성모 중에서 'zh, ch, sh, r, z, c, s'를 제외하고는 단음으로, 독립적으로 음을 나타낼 수 없으며 반드시 모음 앞에서 첫소리만 냅니다. 'zh, ch, sh, r, z, c, s'가 독립적으로 음을 표기할 때는 반드시 'i'를 붙여야 합니다.

2 | 운모(韵母)

표음문자의 모음과 같은 것으로, 모두 16개의 일반 운모와 결합 운모로 이루어져 있습니다. 단운모 'i, u, ü' 및 이들과 결합하여 이루어지는 결합운모는 앞에 성모가 없이 단독 음절로 쓰일 때는 'i→yi, u→wu, ü→yu'로 표기합니다.

〈중국어 발음부호〉

성 모				
쌍순음	bo(뽀, 보)	po(포)	mo(모)	
순치음	fo(˚포)			
설첨음	de(떠, 더)	te(터)	ne(너)	le(러)
설근음	ge(꺼, 거)	ke(커)	he(허)	
설면음	ji(찌, 지)	qi(치)	xi(씨, 시)	
권설음	zhi(˚쯔, ˚즈)	chi(˚츠)	shi(˚쓰, ˚스)	ri(˚르)
설치음	zi(쯔, 즈)	ci(츠)	si(쓰, 스)	

일반 운모
i(이, 으), u(우), ü(위), a(아), o(오), e(어), e(에)
ai(아이), ei(에이), ao(아오), ou(오우)
an(안), en(언), ang(앙), eng(엉)
er(얼)

결합 운모	
i와 결합된 것	ia(이아), ie(이에), iao(이아오), iu(이우), ian(이앤), in(인), iang(이양), ing(잉), iong(이옹)
u와 결합된 것	ua(우아), uo(우오), uai(우아이), ui(우이), uan(완), un(운), uang(왕)
ü와 결합된 것	üe(위에), üan(위앤), ün(윈)

중국어 성조

1 | 중국의 성조-사성(四声)

성조는 '소리의 가락'이라는 의미입니다. 중국어는 다른 언어와는 다르게 특별한 높낮이를 가지는데, 그 발음이 얼마나 높고 낮으며, 길고 짧은지를 성조로 표시해 줍니다. 즉 같은 발음이지만 성조를 다르게 붙여서 다른 뜻을 표현하는 기능을 합니다. 성조는 네 가지로 구분해서 소리를 내는데 이것을 '4성(四声)'이라고 부릅니다. 성조를 표시할 때는 아래의 그림과 같이 높낮이를 구분합니다.

〈중국어의 성조표〉

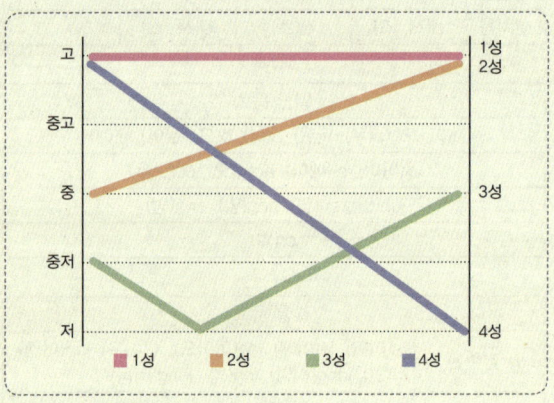

1) **제1성** 높고 평평한 톤으로 길게 발음하고 부호는 '一'로 표시합니다. 처음부터 끝까지 같은 음높이로, 높고 평평한 소리로 길게 발음한다고 생각하면 됩니다.

2) **제2성** 중간 정도의 음에서 단번에 가장 높은 음으로 끌어올리며 발음하고, 부호는 '/'로 표시합니다.

3) **제3성** 중간보다 조금 낮은 음에서 시작하여 아주 낮은 저음으로 내렸다가 다시 중간음보다 조금 높게 올려 길게 발음합니다. 부호는 'V'로 표시합니다.

4) **제4성** 가장 높은음에서 가장 낮은음까지 갑자기 음을 떨어뜨려 짧고 세게 발음하고, 부호는 '\'로 표시합니다.

2 | 성조의 변화

1) **반3성** 3성에 해당하는 글자 뒤에 3성이 아닌 글자가 오면 이어서 발음할 때, 3성 성조의 앞부분 즉, 내려오는 부분만 발음합니다. 또, 3성 다음에 3성이 오면 앞의 3성은 글자는 2성으로 발음합니다. 성조 표시는 그대로 합니다.

2) **경성(轻声)** 두 음절 이상의 단어 중에서 마지막 음절이 종종 본래의 성조가 아니라 짧고 약하게 발음되는 경우가 있는데 이것을 '경성'이라고 합니다. 일반적으로 성조 표시를 하지 않습니다.

3) **얼화(儿化)** 'r' 발음이 다른 음절 뒤에 접미사로 쓰여서 그 단어의 발음을 변화시키는 것을 '얼화'라고 합니다.

contents

Part 1 기본 표현

인사하기	24
자주 쓰는 인사말	26
감사와 사과 표현	28
소개하기	30
시간, 날짜, 날씨	32
긍정과 부정의 대답	34
초대와 방문	36
부탁이나 양해를 구할 때	38

Part 2 출국과 도착

기내 자리안내와 문의사항	46
기내 서비스와 몸이 불편할 때	48
기내 식사와 음료 서비스	50
기내 쇼핑과 입국신고서 작성	52
입국심사 1	54
입국심사 2	56
짐 찾기	58
세관 통과	60
환전과 공항 안내소 이용	62

Part 3 **교통과 이동**

택시 이용하기	70
버스 이용하기	72
지하철 이용하기	74
기차 이용하기	76
렌터카 빌리기	78
자동차 운행할 때	80
위치나 장소를 물을 때	82
길을 잃었을 때	84

Part 4 **숙박**

숙소 예약	92
체크인	94
객실 이용과 클레임	96
룸서비스	98
호텔의 시설 이용	100
체크아웃	102
유스호스텔 이용	104

contents

Part 5 식당

식당 찾기와 예약	112
식당의 자리 안내	114
메뉴 보기	116
음식 주문	118
문제 발생과 주문 확인	120
필요한 것을 요청할 때	122
후식 주문과 계산하기	124
패스트푸드점에서	126
술집에서	128

Part 6 관광

관광안내소	138
관광지 문의	140
관광 일정	142
관광지에서	144
경극 관람	146
클럽과 오락 즐기기	148
친구 사귀기	150
기념사진	152

Part 7 쇼핑

상점을 찾거나 둘러볼 때	162
영업시간과 세일 문의	164
특산품과 전자제품 매장에서	166
화장품과 액세서리 매장에서	168
의류 매장에서	170
디자인, 색상, 사이즈 문의	172
가격 문의와 흥정하기	174
계산과 포장	176
교환과 반품	178
슈퍼마켓이나 편의점 이용	180

Part 8 통신과 시설 이용

국제전화	188
공중전화	190
우체국	192
은행과 현금자동인출기	194
병원	196
아픈 증상	198
약국	200

contents

Part 9 트러블

사고나 몸이 아플 때	208
도움 요청과 경찰신고	210
분실물 신고와 재발행	212
곤란한 상황에서의 표현	214

Part 10 귀국

귀국 항공편 예약과 재확인	222
예약 변경이나 취소	224
탑승 수속	226
환승 및 비행기를 놓쳤을 때	228
배웅하기	230

Part 11 분야별 여행단어

항공권 예약	234
공항과 기내	235
교통 관련	237
숙박	238
식당과 음식	240
관광	243
쇼핑	244
통신-전화/우체국/PC방	245
시설이용-병원/약국	247
시설이용-은행/경찰서	248
유용한 단어-숫자세기	249
유용한 단어-시간/요일	252
유용한 단어-월/계절	254
유용한 단어-가족/색깔	256

Part 12 필수 영어표현

인사말과 소개 표현	260
다양한 의사 표현	262
입출국 상황에서	264
대중교통과 이동	266
숙소 이용	268
식당에서	270
관광 즐기기	272
쇼핑할 때	274
통신과 시설 이용	276
트러블	278

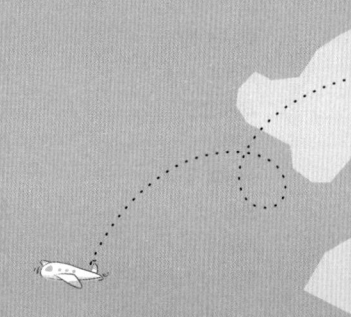

01 인사하기 02 자주 쓰는 인사말 03 감사와 사과 표현
04 소개하기 05 시간, 날짜, 날씨 06 긍정과 부정의 대답
07 초대와 방문 08 부탁이나 양해를 구할 때

Part 01

기본표현

출발 전 준비하기

Tip 1

인터넷 서핑이나 여행 가이드북 등에서 중국 여행에 대한 정보를 수집하고 여행노하우를 읽어두면 도움이 된다. 특히, 자유여행일 경우 출발 날짜와 항공편, 여권, 비자, 숙소 예약 등 꼼꼼히 준비해야 여유롭고 멋진 여행을 할 수 있다.

1 | 여권(Passport)

우리나라는 국제민간항공기구(ICAO)의 권고에 따라 전자여권을 발급하고 있다. 전자여권(electronic passport)이란, 비접촉식 IC칩을 내장하여 바이오인식정보(Biometric data)와 신원정보를 저장한 여권을 말한다.

2 | 중국 비자(VISA)

중국에 입국하기 위해서는 일부 예외를 제외하고는 반드시 비자를 발급받아야 한다. 한국인 및 한국에 체류하고 있는 외국인은 영사부 지정여행사를 통하여 중국비자를 신청해야 한다. 단, 홍콩비자는 제외인데, 홍콩비자를 신청하거나 중국 대륙비자와 홍콩비자를 동시에 신청할 때는 반드시 본인이 영사부에 가서 신청해야 한다. 중국 비자는 입국 목적에 따라 관광비자인 L비자, 비즈니스 등을 목적으로 하는 상용비자인 F비자, 유학이나 어학연수용인 X비자, 취업을 위한 Z비자 등으로 나뉜다.

일반 여행자가 취득하는 관광(L)30일 비자는 4개월 이상 유효한 여권, 사진 1장, 명함이나 신분증 복사본이 필요하다. 관광(L)90일 비자는 이와 함께 중국 현지 주소, 전화번호, 만나는 사람의 이름과 관계 등의 서류가 더 필요하다.

주대한민국 중화인민공화국대사관 www.chinaemb.or.kr

3 | 증명서와 여행자보험

① **국제학생증(ISIC)** 국외에서 학생임을 증명하는 신분증이다. 항공권, 교통, 숙박, 환전 및 금융서비스, 보험 우대, 현지 박물관, 유적지, 문화재 무료입장 및 할인 등의 다양한 혜택을 제공한다.

한국국제학생교류회 홈페이지 www.isic.co.kr

② **국제운전면허증** 중국에서 차량을 렌트할 경우에 필요하다. 신청서 1통, 운전면허증, 여권, 여권용 사진 1장과 수수료를 준비해 가까운 운전면허시험장에서 당일 발급이 가능하다.

③ **여행자보험** 여행 중 일어날 수 있는 교통사고, 상해, 질병, 사망, 후유장애나 대인, 대물배상책임에서부터 소지품 도난, 파손의 경우까지 보상되는 보험이다. 패키지 여행의 경우는 여행비에 보험료가 포함되어 있기도 하며 인터넷을 이용하면 할인된 가격으로 가입할 수 있다.

4 | 항공권/선박권 예약

① **항공권** 중국의 관광 시즌은 4월~11월 초까지로 항공권이 가장 비싸다. 특히, 10월 1일부터 일주일간 지속되는 중국의 국경절 휴가 기간에는 베이징 등 대도시와 관광지 전체가 사람들로 번잡하기 때문에 패키지여행이 아니라면 권하지 않는다.
배낭여행 시즌 등에 나오는 단체할인 항공권, 인터넷 공동구매를 통한 할인 항공권 등 정규요금보다 싼값에 살 수 있는 항공권도 많으므로, 자신의 여행 일정과 스타일에 맞는 항공권을 찾아 구입하는 게 필요하다.

② **선박권** 저렴한 여행을 원하는 배낭여행자와 시간에 여유가 있는 여행자라면 페리를 타고 느긋한 마음으로 즐기면서 여행을 시작해도 좋을 것이다. 한~중 정기여객선 운항 노선은 다양하지만 일반적으로 인천항에서 톈진, 칭다오 등 중국의 각 항구로 들어가는 노선을 이용하는 것이 빠르고 편리하다.

5 | 환전하기

① **현금(Cash)** 중국에서는 우리나라 지폐와 인민폐의 환전이 쉽지 않고 위조지폐 피해가 다수 있으므로 은행이나 공항에서 미리 인민폐나 달러로 바꿔서 준비한다. 소요 예상 경비의 70% 정도는 위안화로,

30% 정도는 달러로 준비하는 게 좋다. 베이징 등 대도시의 시중 은행이나 호텔에서 달러는 쉽게 위안화로 환전할 수 있다. 중국의 통화단위는 위안(元)이다. 보조 통화로 1위안보다 적은 자오(角)와 펀(分)이 있는데, 1위안=10자오=100펀이다. 실생활에서는 위안은 '콰이', 펀은 '마오' 라고 많이 사용한다. 동전은 1위안, 1·5자오, 1·2·5펀이 있고 지폐에는 1·2·5·10·20·50·100위안이 있다.

② **국제현금카드** 국내은행 통장 계좌에 들어 있는 잔고만큼 인민폐로 인출 가능한 카드로 시티은행과 외환은행에서 발급받을 수 있다. 베이징 등의 대도시에서는 카드 사용이 보편화되면서 공항을 비롯해 시내에서 쉽게 ATM을 통해 현금을 인출할 수 있다.

③ **국제 신용카드(Credit Card)** 중국에서도 신용카드는 편리한 결제수단이다. 호텔 비용이나 백화점 등에서의 고가 상품 구매, 대형 음식점 등 신용카드 결제가 가능한 곳이 많다. 비자, 마스터 카드 등 국제적인 카드망과 제휴되어 있고, 아메리칸 익스프레스 등의 국제 신용카드는 주요시설에서 바로 사용할 수 있으므로 그만큼 지니고 다니는 현금 액수가 줄어들어 도난이나 분실 위험을 줄일 수 있다.

④ **여행자수표(T/C)** 여행자수표는 중국의 대도시 은행, 호텔, 쇼핑센터에서 현금처럼 쓸 수 있다. 고액을 환전한다면 분실 시에도 안전하고 현금보다 환전수수료가 유리한 여행자수표를 준비한다. 중국 현지에서 인민폐로 환전이 가능한 US$여행자수표를 구입하는 게 사용하기 편리하다.

필수 상황표현 BEST 10

01 안녕하세요.

02 좋은 아침입니다.

03 안녕히 계세요 [가세요].

04 실례합니다.

05 감사합니다.

06 미안합니다 [죄송합니다].

07 처음 뵙겠습니다.

08 네, 그래요. / 맞습니다.

09 아니오. / 틀립니다.

10 부탁을 해도 될까요?

你好。／您好。
Nǐ hǎo　　Nín hǎo
니 하오　닌 하오

早上好。
Zǎo shang hǎo
자오 상 하오

再见。
Zài jiàn
짜이 찌앤

打扰一下。
Dǎ rǎo yí xià
다 라오 이 씨아

谢谢。
Xiè xie
씨에 시에

不好意思。／对不起。
Bù hǎo yì si　　Duì bu qǐ
뿌 하오 이 스　뚜이 부 치

初次见面。
Chū cì jiàn miàn
추 츠 찌앤 미앤

是的, 好吧。／对。
Shì de hǎo ba　　Duì
쓰 더, 하오 바　뚜이

不是。／不对。
Bú shì　　Bú duì
부 쓰　부 뚜이

我可以请你帮忙吗？
Wǒ kě yǐ qǐng nǐ bāng máng ma
워 커 이 칭 니 빵 망 마

01 인사하기

안녕하세요.
你好。/ 您好。
Nǐ hǎo   Nín hǎo
니 하오   닌 하오

좋은 아침입니다.
早上好。
Zǎo shang hǎo
자오 상 하오

(오후 인사) 안녕하세요.
下午好。
Xià wǔ hǎo
씨아 우 하오

(저녁 인사) 안녕하세요.
晚上好。
Wǎn shang hǎo
완 상 하오

Let's go Cheerful Travel Chinese

기본표현

안녕히 주무세요.
晚安。
Wǎn ān
완 안

안녕히 계세요[가세요].
再见。
Zài jiàn
짜이 찌앤

안녕히 가세요. 잘 지내세요.
请走好。 保重。
Qǐng zǒu hǎo Bǎo zhòng
칭 조우 하오 바오 쭝

즐거운 하루되세요.
祝你愉快。
Zhù nǐ yú kuài
쭈 니 위 콰이

02 자주 쓰는 **인사말**

잘 지내세요?
你过得好吗？
Nǐ guò de hǎo ma
니 꿔 더 하오 마

저는 잘 지내요.
我过得好。
Wǒ guò de hǎo
워 꿔 더 하오

정말 오래간만이에요.
好久不见啦。
Hǎo jiǔ bú jiàn la
하오 지우 부 찌앤 라

실례합니다.
打扰一下。
Dǎ rǎo yí xià
다 라오 이 씨아

Let's go Cheerful Travel Chinese

기본표현

잘 부탁드립니다.
请多关照。
Qǐng duō guān zhào
칭 뚜오 꾸안 짜오

잘 먹겠습니다.
我不客气了。
Wǒ bú kè qi le
워 부 커 치 러

잘 먹었습니다.
我吃好了。
Wǒ chī hǎo le
워 츠 하오 러

축하합니다!
恭喜恭喜!
Gōng xǐ gōng xǐ
꽁 시 꽁 시

03 감사와 사과 표현

감사합니다.
谢谢。
Xiè xie
씨에 시에

천만에요. / 별말씀을요.
不客气。 / 别客气。
Bú kè qi   Bié kè qi
부 커 치   비에 커 치

수고하셨습니다.
辛苦了。
Xīn kǔ le
씬 쿠 러

대단히 감사합니다.
多谢。 / 非常感谢。
Duō xiè   Fēi cháng gǎn xiè
뚜오 씨에   페이 창 간 씨에

Let's go Cheerful Travel Chinese

기본표현

친절에 감사드립니다.
谢谢你的好意。
Xiè xie nǐ de hǎo yì
씨에 시에 니 더 하오 이

미안합니다[죄송합니다].
不好意思。/ 对不起。
Bù hǎo yì si   Duì bu qǐ
뿌 하오 이 스   뚜이 부 치

용서해 주세요.
请原谅。
Qǐng yuán liàng
칭 위앤 리앙

괜찮습니다. / 됐어요.
没关系。/ 不用了。
Méi guān xi   Bú yòng le
메이 꾸안 시   부 용 러

04 소개하기

처음 뵙겠습니다.
初次见面。
Chū cì jiàn miàn
추 츠 찌앤 미앤

안녕하세요? 저는 이수진입니다.
大家好？ 我是李秀真。
Dà jiā hǎo　　Wǒ shì Lǐ xiù zhēn
따 찌아 하오? 워 쓰 리 씨우 쩐

저는 한국 서울에서 왔어요.
我从韩国首尔来。
Wǒ cóng Hán guó Shǒu'ěr lái
워 총 한 구오 소우얼 라이

만나서 반갑습니다.
认识你很高兴。
Rèn shí nǐ hěn gāo xìng
런 스 니 헌 까오 씽

Let's go Cheerful Travel Chinese

기본표현

실례지만, 성함이 어떻게 되세요?
请问, 您叫什么名字?
Qǐng wèn　　nín jiào shén me míng zi
칭 원, 닌 찌아오 선 머 밍 즈

이 분은 왕핑 씨입니다.
这位是王平先生。
Zhè wèi　shì　Wáng píng　xiān sheng
쩌 웨이 쓰 왕 핑 씨앤 성

이것은 제 명함입니다.
这是我的名片。
Zhè　shì　wǒ　de　míng piàn
쩌 쓰 워 더 밍 피앤

말씀 많이 들었습니다.
久仰您的大名。
Jiǔ yǎng nín　de　dà　míng
지우 양 닌 더 따 밍

05 시간, 날짜, 날씨

지금 몇 시인가요?
现在几点了？
Xiàn zài jǐ diǎn le
씨앤 짜이 지 디앤 러

11시 15분이에요.
十一点十五分。
Shí yī diǎn shí wǔ fēn
스이 디앤 스우 펀

이 시계가 맞나요?
这个表准吗？
Zhè ge biǎo zhǔn ma
쩌 거 비아오 준 마

오늘이 며칠인가요?
今天几号啊？
Jīn tiān jǐ hào a
찐 티앤 지 하오 아

오늘 무슨 요일인가요?
今天星期几?
Jīn tiān xīng qī jǐ
찐 티앤 씽 치 지

오늘은 금요일이에요.
今天星期五。
Jīn tiān xīng qī wǔ
찐 티앤 씽 치 우

오늘은 날씨가 좋아요.
今天天气很好。
Jīn tiān tiān qì hěn hǎo
찐 티앤 티앤 치 헌 하오

내일 비가 올까요?
明天会下雨吗?
Míng tiān huì xià yǔ ma
밍 티앤 후이 씨아 위 마

06 긍정과 부정의 대답

네, 그래요. / 맞습니다.
是的，好吧。/ 对。
Shì de hǎo ba   Duì
쓰 더, 하오 바   뚜이

됩니다.
行。/ 可以。
Xíng   Kě yǐ
싱   커 이

알겠습니다.
知 道 了。
Zhī dào le
쯔 따오 러

당연하죠!
那 当 然！
Nà dāng rán
나 땅 란

저도 그렇게 생각해요.
我也那么想。
Wǒ yě nà me xiǎng
워 이에 나 머 시앙

아니오. / 틀립니다.
不是。/ 不对。
Bú shì   　Bú duì
부쓰　　　부 뚜이

안 됩니다.
不行。/ 不可以。
Bù xíng   　Bù kě yǐ
뿌싱　　　뿌 커 이

저는 그렇게 생각하지 않아요.
我不那样想。
Wǒ bú nà yàng xiǎng
워 부 나 양 시앙

07 초대와 방문

당신을 파티에 초대하고 싶어요.
我想请你来参加派对。
Wǒ xiǎng qǐng nǐ lái cān jiā pài duì
워 시앙 칭 니 라이 찬 찌아 파이 뚜이

제 초대를 받아주시겠어요?
你能应邀吗？
Nǐ néng yìng yāo ma
니 넝 잉 야오 마

당신이 와서 기뻐요.
很高兴你来。
Hěn gāo xìng nǐ lái
헌 까오 씽 니 라이

꽃을 좀 사왔어요.
我买来了一些花。
Wǒ mǎi lái le yì xiē huā
워 마이 라이 러 이 씨에 화

Let's go Cheerful Travel Chinese

편히 앉으세요.
请随便坐。
Qǐng suí biàn zuò
칭 수이 삐앤 쭤

마실 걸 좀 드시겠어요?
你要喝点儿什么呀?
Nǐ yào hē diǎnr shén me ya
니 야오 허 디알 선 머 야

마음껏 많이 드세요.
请随便吃。
Qǐng suí biàn chī
칭 수이 삐앤 츠

너무 즐거웠어요.
我很开心。
Wǒ hěn kāi xīn
워 헌 카이 씬

08 **부탁**이나 **양해**를 구할 때

- 부탁을 해도 될까요?
  我可以请你帮忙吗？
  Wǒ kě yǐ qǐng nǐ bāng máng ma
  워 커 이 칭 니 빵 망 마

- 저를 좀 도와주시겠어요?
  请帮我一下，好吗？
  Qǐng bāng wǒ yí xià hǎo ma
  칭 빵 워 이 씨아, 하오 마

- 이 짐을 운반해 주세요.
  请帮我搬运一下这个行李。
  Qǐng bāng wǒ bān yùn yí xià zhè ge xíng li
  칭 빵 워 빤 윈 이 씨아 쩌 거 싱 리

- 여기 앉아도 될까요?
  我可以坐这儿吗？
  Wǒ kě yǐ zuò zhèr ma
  워 커 이 쭈오 쩔 마

Let's go Cheerful Travel Chinese

기본표현

담배를 피워도 될까요?
我可以抽烟吗？
Wǒ kě yǐ chōu yān ma
워 커 이 초우 이앤 마

널리 양해를 바랍니다.
请多多包涵。
Qǐng duō duō bāo han
칭 뚜오 뚜오 빠오 한

죄송하지만, 옆으로 좀 가주세요.
不好意思，请靠边一点儿。
Bù hǎo yì si qǐng kào biān yì diǎnr
뿌 하오 이 스, 칭 카오 삐앤 이 디알

저랑 자리 좀 바꿔주시겠어요?
请跟我换一下位子，好吗？
Qǐng gēn wǒ huàn yí xià wèi zi hǎo ma
칭 껀 워 환 이 씨아 웨이 즈, 하오 마

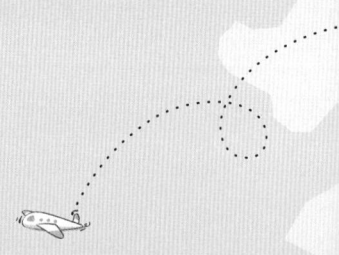

01 기내 자리안내와 문의사항 02 기내 서비스와 몸이 불편할 때 03 기내 식사와 음료 서비스
04 기내 쇼핑과 입국신고서 작성 05 입국심사 1 06 입국심사 2 07 짐 찾기 08 세관 통과
09 환전과 공항 안내소 이용

Part 02 출국과 도착

알짜 여행정보

출국수속과 도착 Tip 2

탑승 수속→출입국신고서 작성→병무신고→세관신고→보안검색 →출국심사→항공기 탑승→중국 도착→입국심사→수하물 찾기→ 세관신고→입국

1 | 탑승수속

짐은 기내에 휴대하는 물품을 제외하고 위탁수하물로 처리한 후 여권, 탑승권(Boarding Pass), 수화물인환증(Claim Tag)을 받는다.

2 | 세관신고와 출국심사

귀중품이나 고가품 등은 세관에 신고한 후 휴대물품반출신고(확인)서를 받아야 입국할 때 면세 받을 수 있다. 보안검사를 마치고 출국심사대에서 여권, 탑승권, 출입국신고서를 제출하면 출국심사관이 여권에 출국확인을 해주고, 출국신고서를 떼어낸 후 입국신고서는 여권과 함께 돌려준다.

3 | 입국심사

중국의 큰 공항에는 외국인(Foreigner) 전용 입국심사대가 있다. 입국신고서와 여권을 제출하면 중국에 온 목적, 체류기간, 돌아갈 비행기표, 숙소 등을 질문하고 확인한다. 입국심사를 받을 때 주의해야 할 점은 비행기 안에서 작성한 입국신고서의 중국 연락처이다. 관광객일 경우는 대개 까다롭지 않게 입국허가 스탬프를 찍어준다.

4 | 수하물 찾기와 세관신고

지정된 수하물수취대로 가서 자신의 수화물을 찾는다. 간혹 마지막까지 기다려도 짐이 안 나오는 경우가 발생하는데 이 경우는 당황하지 말고 공항직원에게 화물인환증을 제시하고 도움을 요청한다. 미화 5,000달러 이상 소지한 여행객은 반드시 중국세관에 신고해야 한다. 또한 중국 주재원이나 유학생은 잦은 입출국자로서 미화 2,000달러 이상 소지 시 세관에 신고해야 한다. 세관에 신고할 것이 없으면 녹색 면세대(Nothing to Declare) 쪽으로 가서 줄을 선다.

5 | 입국

세관검사가 끝나면 모든 입국 절차가 마무리 된다. 공항로비에 있는 관광안내소, 환전소(Bank Exchange), 호텔 예약카운터, 상점 등의 서비스시설을 이용할 수 있다.

6 | 선박편 이용

중국으로 가는 배는 대부분 인천항 국제여객선터미널에서 출항한다. 출발 2시간 전까지 여객터미널에 도착한다. 탑승신청서, 출입국카드를 작성한 후 여권과 미리 구입한 승선권과 같이 해당 해운회사 카운터에 제시한다. 터미널이용료와 출국세를 지불한다. 선박을 이용할 때는 비행기와 달리 짐을 따로 화물칸에 맡겼다가 찾지 않고 여행객이 직접 배 안에 갖고 승선하고 보관도 알아서 해야 한다. 무료 수하물은 20kg까지이며 초과했을 경우 창구에 추가요금을 지불해야 한다.

필수 상황표현 BEST

01 (탑승권을 보이며) 제 자리는 어디인가요?

02 빈자리로 옮겨도 될까요?

03 베개와 담요를 주세요.

04 비행기 멀미약이 있나요?

05 음료수 좀 주세요.

06 관광하러 왔어요.

07 제 여행 가방이 아직 나오지 않았어요.

08 신고할 게 없어요.

09 이 달러를 인민폐로 바꿔주세요.

10 여행 안내서를 얻을 수 있을까요?

请问，我的位子在哪儿？
Qǐng wèn, wǒ de wèi zi zài nǎr
칭 원, 워 더 웨이 즈 짜이 날

我可以坐在空座上吗？
Wǒ kě yǐ zuò zài kòng zuò shang ma
워 커 이 쭈오 짜이 콩 쭈오 상 마

请给我枕头跟毯子。
Qǐng gěi wǒ zhěn tóu gēn tǎn zi
칭 게이 워 전 토우 껀 탄 즈

你们有晕机药吗？
Nǐ men yǒu yùn jī yào ma
니 먼 요우 윈 찌 아오 마

请给我杯饮料。
Qǐng gěi wǒ bēi yǐn liào
칭 게이 워 뻬이 인 리아오

我是来观光的。
Wǒ shì lái guān guāng de
워 쓰 라이 꾸안 꾸앙 더

我的行李箱还没出来。
Wǒ de xíng li xiāng hái méi chū lái
워 더 싱 리 씨앙 하이 메이 추 라이

我没有要申报的。
Wǒ méi yǒu yào shēn bào de
워 메이 요우 야오 썬 빠오 더

请把这个美元换成人民币。
Qǐng bǎ zhè ge měi yuán huàn chéng rén mín bì
칭 바 쩌 거 메이 위앤 후안 청 런 민 삐

我可以弄到旅行指南吗？
Wǒ kě yǐ nòng dào lǚ xíng zhǐ nán ma
워 커 이 농 따오 뤼 싱 즈 난 마

01 기내 **자리안내**와 문의사항

(탑승권을 보이며) 제 자리는 어디인가요?
请问, 我的位子在哪儿？
Qǐng wèn   wǒ de wèi zi zài   nǎr
칭 원, 워 더 웨이 즈 짜이 날

손님 좌석은 저기 통로 쪽입니다.
您的位子在那个通道。
Nín de wèi zi zài nà ge tōng dào
닌 더 웨이 즈 짜이 나 거 통 따오

죄송하지만, 자리를 옮겨주실 수 있나요?
对不起, 可以换一下位子吗？
Duì bu qǐ   kě yǐ huàn yí xià wèi zi ma
뚜이 부 치, 커 이 후안 이 씨아 웨이 즈 마

빈자리로 옮겨도 될까요?
我可以坐在空座上吗？
Wǒ kě   yǐ zuò zài kòng zuò shang ma
워 커 이 쭈오 짜이 콩 쭈오 상 마

Let's go Cheerful Travel Chinese

제 자리에 앉아계신 것 같군요.
您坐了我的座位了。
Nín zuò le wǒ de zuò wèi le
닌 쭈오 러 워 더 쭈오 웨이 러

의자를 뒤로 젖혀도 될까요?
我把椅背靠后可以吗？
Wǒ bǎ yǐ bèi kào hòu kě yǐ ma
워 바 이 뻬이 카오 호우 커 이 마

좌석을 제 위치로 해주세요.
请把座位放好。
Qǐng bǎ zuò wèi fàng hǎo
칭 바 쭈오 웨이 팡 하오

실례지만, 화장실은 어디에 있나요?
请问，洗手间在哪里？
Qǐng wèn xǐ shǒu jiān zài nǎ li
칭 원, 시 소우 찌앤 짜이 나 리

02 기내 서비스와 몸이 불편할 때

베개와 담요를 주세요.
请给我枕头跟毯子。
Qǐng gěi wǒ zhěn tóu gēn tǎn zi
칭 게이 워 전 토우 껀 탄 즈

한국어 잡지나 신문이 있나요?
有韩文杂志或报纸吗?
Yǒu Hán wén zá zhì huò bào zhǐ ma
요우 한 원 자 쯔 훠 빠오 즈 마

독서등은 어떻게 켤 수 있나요?
阅读灯怎么开啊?
Yuè dú dēng zěn me kāi a
위에 두 떵 전 머 카이 아

이 헤드폰은 어떻게 사용하나요?
这个耳机怎么使用啊?
Zhè ge ěr jī zěn me shǐ yòng a
쩌 거 얼 찌 전 머 스 용 아

Let's go Cheerful Travel Chinese

몸이 안 좋아요.
我身体不舒服。
Wǒ shēn tǐ bù shū fu
워 썬 티 뿌 쑤 푸

비행기 멀미약이 있나요?
你们有晕机药吗?
Nǐ men yǒu yùn jī yào ma
니 먼 요우 윈 찌 야오 마

아스피린 좀 주세요.
请给我阿司匹林。
Qǐng gěi wǒ ā sī pǐ lín
칭 게이 워 아 쓰 피 린

토할 것 같아요, 위생봉투가 어디 있나요?
我想吐,哪儿有卫生袋啊?
Wǒ xiǎng tù   nǎr yǒu wèi shēng dài a
워 시앙 투, 날 요우 웨이 썽 따이 아

03 기내 식사와 음료 서비스

음료수 좀 주세요.
请给我杯饮料。
Qǐng gěi wǒ bēi yǐn liào
칭 게이 워 뻬이 인 리아오

커피 한 잔 더 주세요.
再给我一杯咖啡。
Zài gěi wǒ yì bēi kā fēi
짜이 게이 워 이 뻬이 카 페이

차가운 물 한 잔 주시겠어요?
给我拿杯冰凉水，好吗？
Gěi wǒ ná bēi bīng liáng shuǐ hǎo ma
게이 워 나 뻬이 삥 리앙 수이, 하오 마

식사는 어떤 걸로 하시겠어요?
您要什么用餐？
Nín yào shén me yòng cān
닌 야오 선 머 용 찬

불고기로 주세요.
我 吃 烤 肉。
Wǒ chī kǎo ròu
워 츠 카오 로우

생선 요리로 주세요.
请 给 我 鱼 饭。
Qǐng gěi wǒ yú fàn
칭 게이 워 위 판

출국과 도착

저는 지금 먹고 싶지 않아요.
我 现 在 不 想 吃。
Wǒ xiàn zài bù xiǎng chī
워 씨앤 짜이 뿌 시앙 츠

식사는 필요 없어요.
我 不 吃 饭。
Wǒ bù chī fàn
워 뿌 츠 판

04 **기내 쇼핑과 입국 신고서** 작성

기내에서 면세품을 파나요?
飞机内卖免税品吗?
Fēi jī nèi mài miǎn shuì pǐn ma
페이 찌 네이 마이 미앤 쑤이 핀 마

술은 몇 병까지 살 수 있나요?
酒最多能买几瓶?
Jiǔ zuì duō néng mǎi jǐ píng
지우 쭈이 뚜오 넝 마이 지 핑

한국 돈으로 지불해도 되나요?
可以用韩币支付吗?
Kě yǐ yòng Hán bì zhī fù ma
커 이 용 한 삐 쯔 푸 마

입국카드 쓰는 것 좀 도와주세요.
请帮我填入境登记卡。
Qǐng bāng wǒ tián rù jìng dēng jì kǎ
칭 빵 워 티앤 루 찡 떵 찌 카

Let's go Cheerful Travel Chinese

여기에 무엇을 적어야 하나요?
这里要填写什么？
Zhè li yào tián xiě shén me
쩌 리 야오 티앤 시에 선 머

잘못 썼는데, 입국카드 한 장 더 주세요.
写错了，再给我一张入境卡。
Xiě cuò le zài gěi wǒ yì zhāng rù jìng kǎ
시에 추오 러, 짜이 게이 워 이 짱 루 찡 카

출국과 도착

이렇게 쓰는 게 맞나요?
这样写对吗？
Zhè yàng xiě duì ma
쩌 양 시에 뚜이 마

펜을 좀 빌릴 수 있나요?
我可以借一下你的笔吗？
Wǒ kě yǐ jiè yí xià nǐ de bǐ ma
워 커 이 찌에 이 씨아 니 더 비 마

05 입국심사 1

여권을 보여주세요.
请出示护照。
Qǐng chū shì hù zhào
칭추쓰 후 짜오

방문 목적은 무엇인가요?
您来的目的是什么?
Nín lái de mù de shì shén me
닌 라이 더 무 더 쓰 선 머

관광하러 왔어요.
我是来观光的。
Wǒ shì lái guān guāng de
워 쓰 라이 꾸안 꾸앙 더

친척을 방문하러 왔어요.
我是来探亲的。
Wǒ shì lái tàn qīn de
워 쓰 라이 탄 친 더

Let's go Cheerful Travel Chinese

이번에 사업차 왔습니다.
我 这 次 来 是 为 了 工 作 。
Wǒ zhè cì lái shì wèi le gōng zuò
워 쩌 츠 라이 쓰 웨이 러 꽁 쭈오

중국에 얼마나 머무실 예정인가요?
您 要 在 中 国 待 多 久 ?
Nín yào zài Zhōng guó dāi duō jiǔ
닌 야오 짜이 쭝 구오 따이 뚜오 지우

일주일 있을 거예요.
一 个 星 期 。
Yí ge xīng qī
이 거 씽 치

한 달 정도입니다.
大 概 一 个 月 。
Dà gài yí ge yuè
따 까이 이 거 위에

출국과 도착

06 입국심사 2

중국 방문이 처음이신가요?
您第一次来中国吗？
Nín dì yí cì lái Zhōng guó ma
닌 띠 이 츠 라이 쭝 구오 마

중국에는 이번이 처음이에요.
这是第一次来中国。
Zhè shì dì yí cì lái Zhōng guó
쩌 쓰 띠 이 츠 라이 쭝 구오

어디에서 머무실 거예요?
您打算住在哪里？
Nín dǎ suàn zhù zài nǎ li
닌 다 쑤안 쭈 짜이 나 리

베이징 호텔에 묵습니다.
我住在北京饭店。
Wǒ zhù zài Běi jīng fàn diàn
워 쭈 짜이 베이 찡 판 띠앤

Let's go Cheerful Travel Chinese

친구 집에 머무를 예정이에요.
我打算住在朋友家。
Wǒ dǎ suàn zhù zài péng you jiā
워 다 쑤안 쭈 짜이 펑 요우 찌아

혼자 여행하시나요?
你是一个人旅行吗?
Nǐ shì yí ge rén lǚ xíng ma
니 쓰 이 거 런 뤼 싱 마

돌아갈 항공권이 있나요?
有返程机票吗?
Yǒu fǎn chéng jī piào ma
요우 판 청 찌 피아오 마

또 어느 곳을 가실 예정인가요?
你还想去什么地方?
Nǐ hái xiǎng qù shén me dì fāng
니 하이 시앙 취 선 머 띠 팡

출국과도착

07 짐 찾기

수화물 찾는 곳은 어디인가요?
在哪里取行李啊?
Zài nǎ li qǔ xíng li a
짜이 나 리 취 싱 리 아

제 여행 가방이 망가져 있어요.
我的行李箱坏了。
Wǒ de xíng li xiāng huài le
워 더 싱 리 씨앙 화이 러

제 짐을 찾을 수 없어요.
我找不到行李了。
Wǒ zhǎo bú dào xíng li le
워 자오 부 따오 싱 리 러

검정색 가죽 가방입니다.
黑色皮包是我的。
Hēi sè pí bāo shì wǒ de
헤이 써 피 빠오 쓰 워 더

Let's go Cheerful Travel Chinese

제 여행 가방이 아직 나오지 않았어요.
我的行李箱还没出来。
Wǒ de xíng li xiāng hái méi chū lái
워 더 싱 리 씨앙 하이 메이 추 라이

여기 제 수화물표예요.
这是我的行李票。
Zhè shì wǒ de xíng li piào
쩌 쓰 워 더 싱 리 피아오

분실물 신고소는 어디인가요?
报失的地方在哪儿啊?
Bào shī de dì fāng zài nǎr a
빠오 쓰 더 띠 팡 짜이 날 아

제 짐을 찾게 도와주시겠어요?
请帮我找找我的行李, 好吗?
Qǐng bāng wǒ zhǎo zhǎo wǒ de xíng li hǎo ma
칭 빵 워 자오 자오 워 더 싱 리, 하오 마

출국과 도착

08 세관 통과

신고할 물건이 있으신가요?
你有东西要申报吗？
Nǐ yǒu dōng xi yào shēn bào ma
니 요우 똥 시 야오 썬 빠오 마

신고할 게 없어요.
我没有要申报的。
Wǒ méi yǒu yào shēn bào de
워 메이 요우 야오 썬 빠오 더

이건 제 개인적인 용품이에요.
这是我自己用的物品。
Zhè shì wǒ zì jǐ yòng de wù pǐn
쩌 쓰 워 쯔 지 용 더 우 핀

그 디지털카메라는 제가 사용하는 거예요.
那个数码相机是我用的。
Nà ge shù mǎ xiàng jī shì wǒ yòng de
나 거 쑤 마 씨앙 찌 쓰 워 용 더

Let's go Cheerful Travel Chinese

이것은 무엇입니까?
这些是什么?
Zhè xiē shì shén me
쩌 씨에 쓰 선 머

친구에게 줄 선물이에요.
送给朋友的礼物。
Sòng gěi péng you de lǐ wù
쏭 게이 펑 요우 더 리 우

영수증이 있나요?
你有收据吗?
Nǐ yǒu shōu jù ma
니 요우 쏘우 쮜 마

10% 세금을 내셔야 합니다.
你要付百分之十的税金。
Nǐ yào fù bǎi fēn zhī shí de shuì jīn
니 야오 푸 바이 펀 쯔 스 더 쑤이 찐

출국과 도착

09 환전과 공항 안내소 이용

환전소는 어디에 있나요?
换钱的窗口在哪儿？
Huàn qián de chuāng kǒu zài nǎr
후안 치앤 더 추앙 코우 짜이 날

1달러는 인민폐 얼마로 환전할 수 있나요?
一美元可以换多少人民币？
Yì měi yuán kě yǐ huàn duō shao rén mín bì
이 메이 위앤 커 이 후안 뚜오 사오 런 민 삐

이 달러를 인민폐로 바꿔주세요.
请把这个美元换成人民币。
Qǐng bǎ zhè ge měi yuán huàn chéng rén mín bì
칭 바 쩌 거 메이 위앤 후안 청 런 민 삐

얼마를 바꾸시겠어요?
您要换多少？
Nín yào huàn duō shao
닌 야오 후안 뚜오 사오

Let's go Cheerful Travel Chinese

300달러요.
三百美元。
Sān bǎi měi yuán
싼 바이 메이 위앤

여행 안내서를 얻을 수 있을까요?
我可以弄到旅行指南吗？
Wǒ kě yǐ nòng dào lǚ xíng zhǐ nán ma
워 커 이 농 따오 뤼 싱 즈 난 마

숙박할 만한 곳을 소개해 주시겠어요?
在哪儿住宿比较好啊？
Zài nǎr zhù sù bǐ jiào hǎo a
짜이 날 쭈 쑤 비 찌아오 하오 아

공항버스는 어디에서 타나요?
机场班车在哪儿上？
Jī chǎng bān chē zài nǎr shàng
찌 창 빤 처 짜이 날 쌍

출국과 도착

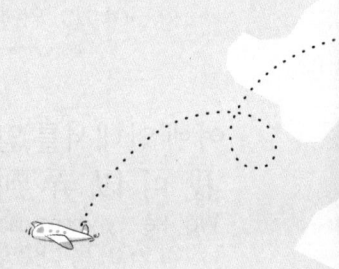

01 택시 이용하기　02 버스 이용하기　03 지하철 이용하기
04 기차 이용하기　05 렌터카 빌리기　06 자동차 운행할 때
07 위치나 장소를 물을 때　08 길을 잃었을 때

Part 03 교통과 이동

대중교통과 이동

Trip 3

1 | 버스

① **시내버스** 일반버스와 버스 두 량이 연결된 형태의 띠엔쳐(트롤리버스), 이층버스 등이 운행된다. 요금은 거리에 따라 달라지는데 1구간이 1~2.5위안 정도이다. 일정구간을 운행하는 미니버스는 일반버스보다 좀 비싸기는 하지만 대체로 좌석이 있어서 여행객이 편리하게 이용할 수 있다.

② **투어버스(Tour Bus)** 주요도시 어디에나 주변의 관광지를 돌아보는 투어버스가 있다. 베이징 시내에서 베이징의 교외를 오가는 투어버스가 언제나 움직인다. 투어버스는 성이나 시 정부, 여행사, 주요 호텔에서 운영하는 여행 노선이어서 믿고 이용할 만하다.

2 | 택시

관광객들이 이용하기에 가장 편리한 교통수단인 반면 요금이 비싼 편이다. 대도시는 기본요금이 12위안 정도이고, 지방 도시들은 조금 더 싸다. 그리고 1킬로미터 당 1.2~2위안까지 차종에 따라 할증요금을 받는다.
특히 외국인들에게는 미터 요금을 적용하지 않고 두세 배의 바가지요금을 부르거나 일부러 먼 곳으로 돌아가는 경우도 있으므로 미터기를 사용하지 않는 택시는 피하는 것이 좋다.

3 | 지하철

지하철은 중국에서는 지철(地鐵)이라고 하며, 현재 운행되는 도시는 베이징, 상하이, 천진, 광저우 등이다. 베이징에는 베이징역에서 천안문을 지나 서쪽 교외로 이어지는 동서선과 자금성을 중심으로 주변을 도는 환상선이 있는데 관광객들은 베이징 시내의 주요 관광지를 경유하는 환상선을 많이 이용한다. 각 지하철역마다 연결 버스편이 많아서 상당히 편하게 공항이나 관광지 등을 오갈 수 있다.

4 | 기차

중국 대륙은 전국의 철도망이 미치지 않는 곳이 거의 없어서 중국에서 중장거리 여행을 할 때 빼놓을 수 없는 교통수단이다. 특쾌(터콰이)는 열차 중에서 가장 빠르며 시설도 가장 좋다. 여행자들은 주로 특쾌를 이용한다. 좌석은 침대냐 의자냐, 그리고 딱딱하냐 부드럽냐에 따라 구분되며 요금에 차이가 있다. 연와(롼워)는 부드러운 침대칸으로 가장 비싸다.

5 | 중국 국내 항공

상하이, 광저우, 우한, 항저우, 샤먼, 구이린(桂林), 쿤밍, 청두, 라싸(拉薩), 란저우, 우루무치(烏魯木齊), 시안, 선양, 다롄, 하얼빈 등의 대도시와 관광 중심지 연결이 양호한 편이다. 만약 여행기간이 길고 여행지 간의 이동거리가 멀다면 장거리열차 등 다른 교통편보다 중국 국내선을 이용하는 것이 빠르고 편리하다.

필수 상황표현 BEST

01 (주소를 보여주며) 이 주소로 가주세요.

02 여기서 세워주세요.

03 우의호텔 가려면 몇 번 버스를 타야 합니까?

04 천안문 광장은 어디서 내려야 하나요?

05 상해 행 표를 예매하고 싶어요.

06 편도 승차권을 주세요.

07 9시에 출발하는 일등 침대석 표로 주세요.

08 말씀 좀 물을게요, 지하철역은 어떻게 가야 하나요?

09 지도에서 위치를 알려주시겠어요?

10 길을 잃었어요.

请去这个地址。
Qǐng qù zhè ge dì zhǐ
칭 취 쩌 거 띠 즈

在这儿停车吧。
Zài zhèr tíng chē ba
짜이 쩔 팅 처 바

去友谊宾馆,坐几路车?
Qù Yǒu yì Bīn guǎn zuò jǐ lù chē
취 요우 이 삔 구안 쭈오 지 루 처

去天安门广场在哪里下车?
Qù Tiān ān mén guǎng chǎng zài nǎ li xià chē
취 티앤 안 먼 구앙 창 짜이 나 리 씨아 처

我要预定去上海的票。
Wǒ yào yù dìng qù Shàng hǎi de piào
워 야오 위 띵 취 쌍 하이 더 피아오

我要买单程车票。
Wǒ yào mǎi dān chéng chē piào
워 야오 마이 딴 청 처 피아오

请给我九点出发的软卧票。
Qǐng gěi wǒ jiǔ diǎn chū fā de ruǎn wò piào
칭 게이 워 지우 디앤 추 파 더 루안 워 피아오

请问,地铁站怎么走?
Qǐng wèn dì tiě zhàn zěn me zǒu
칭 원, 띠 티에 짠 전 머 조우

在地图上的哪个位置?
Zài dì tú shàng de nǎ ge wèi zhi
짜이 띠 투 쌍 더 나 거 웨이 즈

我迷路了。
Wǒ mí lù le
워 미 루 러

01 택시 이용하기

(주소를 보여주며) 이 주소로 가주세요.
请去这个地址。
Qǐng qù zhè ge dì zhǐ
칭 취 쩌 거 띠 즈

저는 우의호텔로 갑니다.
我去友谊宾馆。
Wǒ qù Yǒu yì Bīn guǎn
워 취 요우 이 삔 구안

트렁크에 여행 가방을 실을 수 있나요?
我把行李放在后车箱里, 好吗?
Wǒ bǎ xíng li fàng zài hòu chē xiāng li hǎo ma
워 바 싱 리 팡 짜이 호우 처 씨앙 리, 하오 마

시간이 없는데, 속도를 내주세요.
时间来不及了, 请快点儿开。
Shí jiān lái bù jí le qǐng kuài diǎnr kāi
스 찌앤 라이 뿌 지 러, 칭 콰이 디알 카이

Let's go Cheerful Travel Chinese

여기서 기다려 주시겠어요?
请在这儿等一下，好吗？
Qǐng zài zhèr děng yí xià hǎo ma
칭 짜이 쩔 덩 이 씨아, 하오 마

여기서 세워주세요.
在这儿停车吧。
Zài zhèr tíng chē ba
짜이 쩔 팅 처 바

돈 여기 있어요.
给你钱。
Gěi nǐ qián
게이 니 치앤

요금이 너무 많이 나온 것 같아요.
车费太贵了。
Chē fèi tài guì le
처 페이 타이 꾸이 러

교통과 이동

02 버스 이용하기

우의호텔 가려면 몇 번 버스를 타야 합니까?
去友谊宾馆, 坐几路车?
Qù Yǒu yì Bīn guǎn, zuò jǐ lù chē
취 요우 이 삔 구안, 쭈오 지 루 처

말씀 좀 물을게요, 이 버스가 공항에 가나요?
请问, 这个汽车到机场吗?
Qǐng wèn, zhè ge qì chē dào jī chǎng ma
칭 원, 쩌 거 치 처 따오 찌 창 마

버스 요금은 얼마인가요?
公共汽车费是多少钱?
Gōng gòng qì chē fèi shì duō shao qián
꽁 꽁 치 처 페이 쓰 뚜오 사오 치앤

우의호텔에 도착하려면 아직 몇 정류장 남았나요?
到友谊宾馆还有几站?
Dào Yǒu yì Bīn guǎn hái yǒu jǐ zhàn
따오 요우 이 삔 구안 하이 요우 지 짠

Let's go Cheerful Travel Chinese

제가 어디서 내려야 하는지 말씀해 주시겠어요?
请告诉我在哪里下车，好吗？
Qǐnggào sù wǒ zài nǎ li xià chē hǎo ma
칭 까오 쑤 워 짜이 나 리 씨아 처, 하오 마

여기서 좀 내려주시겠어요?
请在这里停一下，好吗？
Qǐng zài zhè li tíng yí xià hǎo ma
칭 짜이 쩌 리 팅 이 씨아, 하오 마

다음 직행버스는 몇 시에 오나요?
下一班直通汽车几点到啊？
Xià yì bān zhí tōng qì chē jǐ diǎn dào a
씨아 이 빤 즈 통 치 처 지 디앤 따오 아

버스를 반대편에서 잘못 탔어요.
我公共汽车坐反了方向。
wǒ gōng gòng qì chē zuò fǎn le fāng xiàng
워 꽁꽁 치 처 쭈오 판 러 팡 씨앙

교통과 이동

03 **지하철** 이용하기

이 근처에 지하철역이 있나요?
这个附近有地铁站吗？
Zhè ge fù jìn yǒu dì tiě zhàn ma
쩌 거 푸 찐 요우 띠 티에 짠 마

지하철 승차권은 어디서 사나요?
地铁票在哪儿买呀？
Dì tiě piào zài nǎr mǎi ya
띠 티에 피아오 짜이 날 마이 야

지하철 노선도 좀 주세요.
请给我一张地铁路线图。
Qǐng gěi wǒ yì zhāng dì tiě lù xiàn tú
칭 게이 워 이 짱 띠 티에 루 씨앤 투

박물관에 가려면 몇 호선을 타야 하나요?
去博物馆应该坐哪条线地铁？
Qù bó wù guǎn yīng gāi zuò nǎ tiáo xiàn dì tiě
취 보우 구안 잉 까이 쭤 나 티아오 씨앤 띠 티에

천안문 광장으로 가는 지하철이 맞나요?
这是去天安门广场的路线吗？
Zhè shì qù Tiān ān mén guǎng chǎng de lù xiàn ma
쩌 쓰 취 티앤 안 먼 구앙 창 더 루 씨앤 마

실례지만, 다음 역은 어디인가요?
请问，下一站是哪里？
Qǐng wèn xià yí zhàn shì nǎ li
칭 원, 씨아 이 짠 쓰 나 리

천안문 광장은 어디서 내려야 하나요?
去天安门广场在哪里下车？
Qù Tiān ān mén guǎng chǎng zài nǎ li xià chē
취 티앤 안 먼 구앙 창 짜이 나 리 씨아 처

이곳이 갈아타는 곳인가요?
这里是换乘站吗？
Zhè li shì huàn chéng zhàn ma
쩌 리 쓰 후안 청 짠 마

04 기차 이용하기

상해 행 표를 예매하고 싶어요.
我要预定去上海的票。
Wǒ yào yù dìng qù Shàng hǎi de piào
워 야오 위 띵 취 쌍 하이 더 피아오

서안으로 가는 열차는 언제 있나요?
开往西安的火车什么时候有?
Kāi wǎng Xī ān de huǒ chē shén me shí hòu yǒu
카이 왕 씨 안 더 후오 처 선 머 스 호우 요우

더 빠른 열차 편은 없나요?
有没有再快一点的火车?
Yǒu méi yǒu zài kuài yì diǎn de huǒ chē
요우 메이 요우 짜이 콰이 이 디앤 더 후오 처

편도 승차권을 주세요.
我要买单程车票。
Wǒ yào mǎi dān chéng chē piào
워 야오 마이 딴 청 처 피아오

Let's go Cheerful Travel Chinese

9시에 출발하는 일등 침대석 표로 주세요.
请给我九点出发的软卧票。
Qǐng gěi wǒ jiǔ diǎn chū fā de ruǎn wò piào
칭 게이 워 지우 디앤 추 파 더 루안 워 피아오

이 열차가 남경으로 가는 열차인가요?
这列火车是开往南京的吗?
Zhè liè huǒ chē shì kāi wǎng Nán jīng de ma
쩌 리에 후오 처 쓰 카이 왕 난 찡 더 마

여기는 제 자리인 것 같은데요.
这里应该是我的位子。
Zhè li yīng gāi shì wǒ de wèi zi
쩌 리 잉 까이 쓰 워 더 웨이 즈

식당 칸은 어디인가요?
餐厅车厢在哪儿?
Cān tīng chē xiāng zài nǎr
찬 팅 처 씨앙 짜이 날

교통과 이동

05 렌터카 빌리기

자동차를 빌리고 싶어요.
我想租用一辆车。
Wǒ xiǎng zū yòng yí liàng chē
워 시앙 쭈 용 이 리앙 처

3일 동안 렌트하고 싶은데요.
我要租用三天。
Wǒ yào zū yòng sān tiān
워 야오 쭈 용 싼 티앤

소형차로 빌려주세요.
我要租用小型车。
Wǒ yào zū yòng xiǎo xíng chē
워 야오 쭈 용 시아오 싱 처

오토매틱 차를 원해요.
我要自动驾驶的车。
Wǒ yào zì dòng jià shǐ de chē
워 야오 쯔 똥 찌아 스 더 처

Let's go Cheerful Travel Chinese

보증금을 내야 하나요?
要不要交抵押金?
Yào bú yào jiāo dǐ yā jīn
야오 부 야오 찌아오 디 야 찐

다른 비용은 없나요?
有没有其他的费用?
Yǒu méi yǒu qí tā de fèi yòng
요우 메이 요우 치 타 더 페이 용

자동차를 점검해 주시겠어요?
能检查一下我的车吗?
Néng jiǎn chá yí xià wǒ de chē ma
넝 찌앤 차 이 씨아 워 더 처 마

차를 어디에 돌려줘야 하나요?
我应该把车还到哪里?
Wǒ yīng gāi bǎ chē huán dào nǎ li
워 잉 까이 바 처 후안 따오 나 리

교통과이동

06 자동차 운행할 때

안전벨트를 매세요.
请系好安全带。
Qǐng jì hǎo ān quán dài
칭 찌 하오 안 취앤 따이

에어컨 좀 켜주세요.
请打开空调。
Qǐng dǎ kāi kōng tiáo
칭 다 카이 콩 티아오

주유소를 찾고 있어요.
我在找加油站。
Wǒ zài zhǎo jiā yóu zhàn
워 짜이 자오 찌아 요우 짠

기름을 가득 채워 주세요.
汽油要加满满的。
Qì yóu yào jiā mǎn mǎn de
치 요우 야오 찌아 만 만 더

Let's go Cheerful Travel Chinese

저는 속도를 지킨 것 같은데요.
我没有超速啊。
Wǒ méi yǒu chāo sù a
워 메이 요우 차오 쑤 아

여기에 주차해도 될까요?
这里可以停车吗?
Zhè li kě yǐ tíng chē ma
쩌 리 커 이 팅 처 마

시간당 주차요금이 얼마인가요?
停车费一个小时多少钱?
Tíng chē fèi yí ge xiǎo shí duōshaoqián
팅 처 페이 이 거 시아오 스 뚜오 사오 치앤

자동차를 점검하러 왔어요.
我是来检查汽车的。
Wǒ shì lái jiǎn chá qì chē de
워 쓰 라이 지앤 차 치 처 더

교통과이동

07 위치나 장소를 물을 때

말씀 좀 물을게요, 지하철역은 어떻게 가야 하나요?
请问，地铁站怎么走？
Qǐng wèn dì tiě zhàn zěn me zǒu
칭원, 띠 티에 짠 전 머 조우

가장 가까운 은행을 알려주시겠어요?
最近的银行在哪儿？
Zuì jìn de yín háng zài nǎr
쭈이 찐 더 인 항 짜이 날

여기가 어디인가요?
这是什么地方啊？
Zhè shì shén me dì fāng a
쩌 쓰 선 머 띠 팡 아

지도에서 위치를 알려주시겠어요?
在地图上的哪个位置？
Zài dì tú shàng de nǎ ge wèi zhi
짜이 띠 투 쌍 더 나 거 웨이즈

Let's go Cheerful Travel Chinese

지름길이 있나요?
有没有近路啊？
Yǒu méi yǒu jìn lù a
요우 메이 요우 찐 루 아

공항으로 가는 길을 가르쳐 주시겠어요?
去机场怎么走啊？
Qù jī chǎng zěn me zǒu a
취 찌 창 전 머 조우 아

공항까지 얼마나 걸리나요?
去机场需要多长时间啊？
Qù jī chǎng xū yào duō cháng shí jiān a
취 찌 창 쒸 야오 뚜오 창 스 찌앤 아

실례지만 화장실이 어디에 있나요?
请问，洗手间在哪儿？
Qǐng wèn xǐ shǒu jiān zài nǎr
칭 원, 시 소우 찌앤 짜이 날

교통과이동

08 길을 잃었을 때

길을 잃었어요.
我迷路了。
Wǒ mí lù le
워 미 루 러

저는 여기가 초행길이에요.
我第一次走这条路。
Wǒ dì yí cì zǒu zhè tiáo lù
워 띠 이 츠 조우 쩌 티아오 루

이 거리의 이름이 뭔지 알려주실래요?
这条街的名字叫什么？
Zhè tiáo jiē de míng zi jiào shén me
쩌 티아오 찌에 더 밍 즈 찌아오 선 머

너무 혼잡스럽군요.
太拥挤了。
Tài yōng jǐ le
타이 용 지 러

Let's go Cheerful Travel Chinese

어느 길로 가야 하나요?
应该走哪条路啊？
Yīng gāi zǒu nǎ tiáo lù a
잉 까이 조우 나 티아오 루 아

이 지도에 표시를 해주세요.
请在地图上做一下标记。
Qǐng zài dì tú shàng zuò yí xià biāo jì
칭 짜이 띠 투 쌍 쭤 이 씨아 삐아오 찌

여기서 얼마나 먼가요?
离这里有多远啊？
Lí zhè li yǒu duō yuǎn a
리 쩌 리 요우 뚜오 위앤 아

거기까지 걸어서 얼마나 걸릴까요?
去那里走路要多长时间？
Qù nà li zǒu lù yào duō cháng shí jiān
취 나 리 조우 루 야오 뚜오 창 스 찌앤

교통과이동

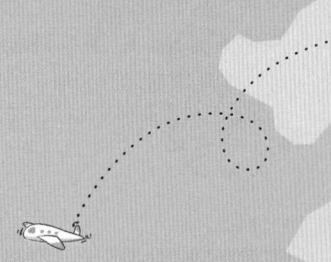

01 숙소 예약　02 체크인　03 객실 이용과 클레임　04 룸서비스
05 호텔의 시설 이용　06 체크아웃　07 유스호스텔 이용

Part 04 숙박

숙소이용 노하우

1 | 중국의 숙박시설

① 호텔 중국 호텔은 시설의 차이에 따라 별의 숫자를 다르게 해서 등급을 매기는데 1성급에서 5성급까지 있고 별이 많을수록 고급호텔이다. 대도시의 3성급(별 세 개) 이상의 호텔은 시설이 괜찮은 편이다. 4성급 호텔은 객실이 방음처리가 되어 있으며, 화장실은 저소음이고 헤어드라이어를 제공한다. 손님용과 종업원용 엘리베이터가 별도로 설치되어 있고, 헬스클럽·수영장·사우나·비즈니스 센터 등을 갖추고 있다.

호텔 가격은 성수기와 비수기, 호텔 등급에 따라 숙박요금이 50%까지 차이가 난다. 중국의 호텔은 대부분 계절에 따라 다른 할인요금을 적용하기 때문에 숙박요금이 달라질 수 있다. 중국 호텔은 깨끗하고 넓은 현대적인 객실이 많아졌지만 아직까지 낙후된 시설을 갖고 있는 곳이 많기 때문에 인터넷이나 여행사를 통해 잘 알아보고 결정해야 한다. 숙소를 정할 때는 우선 교통이 편리하고 시설이 잘 되어 있는지, 신뢰할 만한 호텔인지, 숙박비가 적당한지 등을 염두에 둬야 한다.

② **민박** 외국인 여행객의 숙박 제한이 풀리면서 싸고 저렴한 숙소를 이용할 수 있게 되었다. 베이징에서는 코리아타운인 왕징 등에서 쉽게 민박을 구할 수 있다. 이곳은 한국인이나 조선족 동포가 운영하기 때문에 한국어를 사용할 수 있어 편하고 많은 정보를 얻을 수 있다. 100위안 이상의 민박이면 세면도구가 갖춰져 있고, 시내통화요금만 부과되는 인터넷전화가 가능한 곳도 많다.

③ **유스호스텔** 베이징 중심가 등에 자리하고 있으며 유스호스텔에서 묵을 예정이라면 회원증이 있어야 한다. 유스호스텔을 이용하면 세계의 여행자들과 만날 수 있고 상대적으로 안전하다. 하지만 시설에 비해서 가격이 약간 높은 편이다. 스탠더드에는 세면도구가 있지만 일반 도미토리에는 세면도구가 없고, 대부분 인터넷을 갖추고 있다.

2 | 숙소 이용 노하우

① **음료수** 거의 모든 객실에는 포트와 1회용 티백 차가 준비되어 있다. 포트에 뜨거운 물을 담아놓고 차를 마시도록 한다. 물은 유료이거나 위생에 문제가 있을 수 있으므로 밖에서 생수를 준비해 오는 것이 좋다.

② **귀중품 보관** 현금이나 귀중품을 객실에서 분실할 경우 호텔에서 책임을 지지 않으므로 프런트 안전박스에 맡기고(4성급 이상) 가급적이면 몸에 휴대하는 것이 안전하다. 특급 호텔에는 방마다 귀중품 보관 금고가 따로 있기도 하다. 금고를 이용한 후에는 체크아웃 할 때 잊지 않고 물건을 챙긴다.

③ **문단속하기** 방 안에 있을 때는 문을 꼭 잠그고, 잘 때는 보조체인을 채운다. 밖에서 노크소리가 들리면 신분을 확인한 후 보조체인을 잠근 채 문을 열고 상대방을 확인한 후 문을 열어야 투숙객을 노리는 각종 범죄를 예방할 수 있다.

필수 상황표현 BEST

01 말씀 좀 물을게요. 빈 방이 있나요?

02 방 하나에 1박하면 얼마인가요?

03 아침식사는 포함되어 있나요?

04 트윈룸으로 주세요.

05 방을 보여주시겠어요?

06 방 카드 가지고 나오는 걸 잊었어요.

07 룸서비스 부탁해요.

08 아침 6시에 모닝콜 부탁해요.

09 지금 체크아웃 하겠어요.

10 제 짐을 오늘밤까지 맡길 수 있을까요?

请问, 有空房间吗？
Qǐng wèn, yǒu kòng fáng jiān ma

칭 원, 요우 콩 팡 찌앤 마

一个房间住一宿要多少钱啊？
Yí ge fáng jiān zhù yi xiǔ yào duō shǎo qián a

이 거 팡 찌앤 쭈 이 시우 야오 뚜오 사오 치앤 아

包括早餐吗？
Bāo kuò zǎo cān ma

빠오 쿠오 자오 찬 마

我想要双人间。
Wǒ xiǎng yào shuāng rén jiān

워 시앙 야오 쑤앙 런 찌앤

能给看看房间吗？
Néng gěi kàn kan fáng jiān ma

넝 게이 칸 칸 팡 찌앤 마

我忘了带房卡。
Wǒ wàng le dài fáng kǎ

워 왕 러 따이 팡 카

我要客房服务。
Wǒ yào kè fáng fú wù

워 야오 커 팡 푸 우

早晨六点, 请打电话叫醒我。
Zǎo chén liù diǎn, qǐng dǎ diàn huà jiào xǐng wǒ

자오 천 리우 디앤, 칭 다 띠앤 화 찌아오 싱 워

我现在要退房。
Wǒ xiàn zài yào tuì fáng

워 씨앤 짜이 야오 투이 팡

我的行李可不可以存放到今晚？
Wǒ de xíng li kě bù kě yǐ cún fàng dào jīn wǎn

워 더 싱 리 커 뿌 커 이 춘 팡 따오 찐 완

01 숙소 예약

말씀 좀 물을게요, 빈 방이 있나요?
请问, 有空房间吗?
Qǐng wèn　yǒu kōng fáng jiān ma
칭 원, 요우 콩 팡 찌앤 마

방 하나에 1박하면 얼마인가요?
一个房间住一宿要多少钱啊?
Yí ge fáng jiān zhù yì xiǔ yào duō shǎo qián a
이 거 팡 찌앤 쭈 이 시우 야오 뚜오 사오 치앤 아

아침식사는 포함되어 있나요?
包括早餐吗?
Bāo kuò zǎo cān ma
빠오 쿠오 자오 찬 마

좀 더 싼 방은 없나요?
有再便宜点儿的房间吗?
Yǒu zài pián yì diǎnr de fáng jiān ma
요우 짜이 피앤 이 디알 더 팡 찌앤 마

트윈룸으로 주세요.
我想要双人间。
Wǒ xiǎng yào shuāng rén jiān
워 시앙 야오 쑤앙 런 찌앤

전망이 좋은 방을 원해요.
我要视野好的房间。
Wǒ yào shì yě hǎo de fáng jiān
워 야오 쓰 예 하오 더 팡 찌앤

방을 보여주시겠어요?
能给看看房间吗?
Néng gěi kàn kan fáng jiān ma
넝 게이 칸 칸 팡 찌앤 마

이 방으로 할게요.
我就要这间房了。
Wǒ jiù yào zhè jiān fáng le
워 찌우 야오 쩌 찌앤 팡 러

숙박

02 체크인

체크인 부탁합니다.
我要登记住宿。
Wǒ yào dēng jì zhù sù
워 야오 떵 찌 쭈 쑤

저는 방을 예약했어요.
我预订了房间。
Wǒ yù dìng le fáng jiān
워 위 띵 러 팡 찌앤

어느 분 성함으로 예약되어 있나요?
是以谁的名字预订的啊?
Shì yǐ shéi de míng zi yù dìng de a
쓰 이 쉐이 더 밍 즈 위 띵 더 아

이수진이라는 이름으로 예약했어요.
是用李秀真的名字预订的。
Shì yòng Lǐ xiù zhēn de míng zi yù dìng de
쓰 용 리 씨우 쩐 더 밍 즈 위 띵 더

숙박카드를 작성해 주세요.
请填写住宿卡。
Qǐng tián xiě zhù sù kǎ
칭 티앤 시에 쭈 쑤 카

여기 방 카드 받으세요.
这是您的房卡。
Zhè shì nín de fáng kǎ
쩌 쓰 닌 더 팡 카

방 카드를 하나 더 받을 수 있나요?
再给一把房卡, 好吗?
Zài gěi yì bǎ fáng kǎ hǎo ma
짜이 게이 이 바 팡 카, 하오 마

방을 바꾸고 싶어요.
我想换个房间。
Wǒ xiǎng huàn ge fáng jiān
워 시앙 후안 거 팡 찌앤

숙박

03 객실 이용과 클레임

방에서 국제전화를 걸 수 있나요?
房间里可以打国际长途吗？
fáng jiān lǐ kě yǐ dǎ guó jì cháng tú ma
팡 찌앤 리 커 이 다 구오 찌 창 투 마

이 냉방장치는 어떻게 조절하나요?
这个冷气怎么调啊？
Zhè ge lěng qì zěn me tiáo a
쩌 거 렁 치 전 머 티아오 아

더운물이 나오지 않는군요.
热水不出来。
Rè shuǐ bù chū lái
러 수이 뿌 추 라이

사람 좀 올려 보내주세요.
请派个人上来。
Qǐng pài gè rén shàng lái
칭 파이 꺼 런 쌍 라이

Let's go Cheerful Travel Chinese

샤워기가 고장 났어요.
我的淋浴坏了。
Wǒ de lín yù huài le
워 더 린 위 화이 러

에어컨이 고장 났어요. 좀 수리해 주세요.
空调坏了。请帮我修一下儿。
Kōng tiáo huài le Qǐng bāng wǒ xiū yí xiàr
콩 티아오 화이 러. 칭 빵 워 씨우 이 씨알

방 카드 가지고 나오는 걸 잊었어요.
我忘了带房卡。
Wǒ wàng le dài fáng kǎ
워 왕 러 따이 팡 카

방문 좀 열어 주세요.
请帮我开一下儿门。
Qǐng bāng wǒ kāi yí xiàr mén
칭 빵 워 카이 이 씨알 먼

숙박

04 룸서비스

여기는 302호실인데요.
这里是３０２号房间。
Zhè li shì sān líng èr hào fáng jiān
쩌 리 쓰 싼 링 얼 하오 팡 찌앤

룸서비스 부탁해요.
我要客房服务。
Wǒ yào kè fáng fú wù
워 야오 커 팡 푸 우

토스트와 커피 좀 갖다 주세요.
请把土司跟咖啡送到我的房间。
Qǐng bǎ tǔ sī gēn kā fēi sòng dào wǒ de fáng jiān
칭 바 투 쓰 껀 카 페이 쏭 따오 워 더 팡 찌앤

주문한 아침식사가 아직 오지 않아요.
我叫的早餐现在还没到。
Wǒ jiào de zǎo cān xiàn zài hái méi dào
워 찌아오 더 자오 찬 씨앤 짜이 하이 메이 따오

실례지만, 몇 시까지 룸서비스가 가능한가요?
请问，客房服务到几点？
Qǐng wèn　 kè fáng fú wù dào jǐ diǎn
칭 원, 커 팡 푸 우 따오 지 디앤

아침 6시에 모닝콜 부탁해요.
早晨六点，请打电话叫醒我。
Zǎo chén liù diǎn　 qǐng dǎ diàn huà jiào xǐng wǒ
자오 천 리우 디앤, 칭 다 띠앤 화 찌아오 싱 워

방청소를 해주세요.
请把我的房间打扫一下。
Qǐng bǎ wǒ de fáng jiān dǎ sǎo yí xià
칭 바 워 더 팡 찌앤 다 사오 이 씨아

침대 시트를 바꿔 주시겠어요?
可以帮我换一条床单吗？
kě yǐ bāng wǒ huàn yì tiáo chuáng dān ma
커 이 빵 워 후안 이 티아오 추앙 딴 마

숙박

05 호텔의 시설 이용

팩스를 보낼 수 있을까요?
可以发传真吗？
Kě yǐ fā chuán zhēn ma
커 이 파 추안 쩐 마

인터넷을 이용하고 싶어요.
我想上网。
Wǒ xiǎng shàng wǎng
워 시앙 쌍 왕

제게 남겨진 메모는 없나요?
有没有给我的留言？
Yǒu méi yǒu gěi wǒ de liú yán
요우 메이 요우 게이 워 더 리우 이앤

귀중품을 보관하고 싶어요.
我要存放贵重物品。
Wǒ yào cún fàng guì zhòng wù pǐn
워 야오 춘 팡 꾸이 쫑 우 핀

세탁 서비스가 있나요?
有洗衣服务吗？
Yǒu xǐ yī fú wù ma
요우 시 이 푸 우 마

이 옷을 드라이클리닝 해주세요.
这件衣服要干洗。
zhè jiàn yī fú yào gān xǐ
쩌 찌앤 이 푸 야오 깐 시

호텔에 카지노가 있나요?
饭店里边有赌场吗？
Fàn diàn lǐ biān yǒu dǔ chǎng ma
판 띠앤 리 삐앤 요우 두 창 마

연회장은 몇 층인가요?
大会厅在几楼？
Dà huì tīng zài jǐ lóu
따 후이 팅 짜이 지 로우

숙박

06 체크아웃

지금 체크아웃 하겠어요.
我现在要退房。
Wǒ xiàn zài yào tuì fáng
워 씨앤 짜이 야오 투이 팡

비자카드로 지불하겠어요.
我要用VISA卡结算。
Wǒ yào yòng VISA kǎ jié suàn
워 야오 용 비자 카 지에 쑤안

여행자수표도 되나요?
可以使用旅行支票吗?
Kě yǐ shǐ yòng lǚ xíng zhī piào ma
커 이 스 용 뤼 싱 쯔 피아오 마

이 요금은 무엇 때문에 청구가 됐나요?
这个费用是什么呀?
Zhè ge fèi yòng shì shén me ya
쩌 거 페이 용 쓰 선 머 야

Let's go Cheerful Travel Chinese

룸서비스 계산서가 제 것이 아니에요.
客房服务清单不是我的。
Kè fáng fú wù qīng dān bú shì wǒ de
커 팡 푸 우 칭 딴 부 쓰 워 더

제 짐은 내려왔나요?
我的行李拿下来了吗?
Wǒ de xíng li ná xià lái le ma
워 더 싱 리 나 씨아 라이 러 마

방에 두고 온 것이 있어요.
我有东西落在了房间里。
Wǒ yǒu dōng xī là zài le fáng jiān lǐ
워 요우 똥 씨 라 짜이 러 팡 찌앤 리

제 짐을 오늘밤까지 맡길 수 있을까요?
我的行李可不可以存放到今晚?
Wǒ de xíng li kě bù kě yǐ cún fàng dào jīn wǎn
워 더 싱 리 커 뿌 커 이 춘 팡 따오 찐 완

숙박

07 유스호스텔 이용

회원증을 갖고 있어요.
我有会员卡。
Wǒ yǒu huì yuán kǎ
워 요우 후이 위앤 카

오늘밤 2인용 침대가 있나요?
今晚有两张床吗?
Jīn wǎn yǒu liǎng zhāng chuáng ma
찐 완 요우 리앙 짱 추앙 마

여기에 물품 보관함이 있나요?
这里有物品存放箱吗?
Zhè li yǒu wù pǐn cún fàng xiāng ma
쩌리 요우 우 핀 춘 팡 씨앙 마

이 짐을 보관해 주시겠어요?
请帮我保管这个行李行吗?
Qǐng bāng wǒ bǎo guǎn zhè ge xíng li xíng ma
칭 빵 워 바오 구안 쩌 거 싱리 싱 마

Let's go Cheerful Travel Chinese

취사는 가능한가요?
我可以自己烧饭菜吃吗?
Wǒ kě yǐ zì jǐ shāo fàn cài chī ma
워 커 이 쯔 지 싸오 판 차이 츠 마

샤워는 어디서 할 수 있나요?
在哪儿洗澡啊?
Zài nǎr xǐ zǎo a
짜이 날 시 자오 아

방에서 너무 떠들지 마세요.
请不要在房间里吵闹。
Qǐng bú yào zài fáng jiān lǐ chǎo nào
칭 부 야오 짜이 팡 찌앤 리 차오 나오

하루 더 머물고 싶어요.
我想再停留一天。
Wǒ xiǎng zài tíng liú yì tiān
워 시앙 짜이 팅 리우 이 티앤

숙박

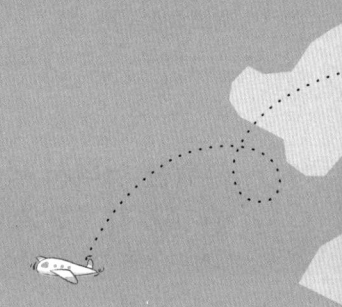

01 식당 찾기와 예약 02 식당의 자리 안내 03 메뉴 보기
04 음식 주문 05 문제 발생과 주문 확인 06 필요한 것을 요청할 때
07 후식 주문과 계산하기 08 패스트푸드점에서 09 술집에서

Part 05 식당

알짜 여행정보

Tip 5 중국 음식 즐기기

1 | 중국의 요리

① **중국의 4대 요리** 산동요리는 조미료에 의해 맛을 내기보다는 요리 재료 본래의 맛을 중요시한다. 깐자홍린위(乾炸紅鱗魚)는 산동의 유명한 요리이다. 사천요리는 신맛과 매운맛 등 톡 쏘는 맛이 특징이다. 특히, 두부와 다진 고기를 이용한 마푸오떠우푸(麻婆豆腐)가 유명하다. 광동요리는 바다(광주, 조주, 해남)를 끼고 있어 해산물 요리가 많은 것이
특징이다. 강소요리는 끓이고 푹 삶고 뜸을 들이며 약한 불에 천천히 고는 조리법이 특징이다. 신선한 생선을 달고 신 소스를 넣고 익힌 시후추위(西湖醋魚), 향신료를 넣고 찐 돼지고기 요리인 쉐이징야오러우(水晶肴肉) 등이 있다.

② **베이징 요리** 베이징 카오야(베이징덕)는 베이징 요리의 진수를 맛볼 수 있는 요리로 베이징에서만이 그 맛의 진가를 알 수 있다. 오리를 기름이 쪽 빠지도록 구운 다음 칼로 최대한 얇게 썰어서 밀전병에 오

리고기와 부추, 파를 넣고 장을 얹어서 싸먹는다. 건륭 및 서태후 때는 조정 왕궁대신들까지 즐겨 먹었으며, 지금은 중국뿐 아니라 세계적으로 외국인들이 가장 즐기는 중국 요리다.

③ **상하이 요리** 상하이는 간장으로 유명한데 지방의 특산인 장유(醬油)와 설탕을 써서 달콤하고 기름지게 만드는 것이 특징이다. 돼지고기를 진간장으로 양념하여 만드는 훙사오러우(紅燒肉)와 꽃 모양의 빵인 화쥐안(花卷) 등이 유명하다. 상하이 요리 중에서 가장 유명한 것은 게요리다. 게를 쪄서 생강을 넣은 초간장에 찍어서 먹는 게찜이다. 특히 9월말부터 1월 중순에 맛볼 수 있는 상하이의 바닷게로 만드는 푸룽칭셰(芙蓉靑蟹)는 많은 식도락가의 사랑을 받는 진미이다.

2 | 식당에서의 에티켓

중국 요리는 회전이 가능한 원탁에 한 가지 요리를 한 접시에 모두 담아 판을 돌려가며 나누어 먹는 것이 특징이다. 중국 요리는 한꺼번에 상 위에 차려놓고 먹는 것이 아니라 한 가지씩 차례로 나온다. 처음에 나온 요리가 맛있다고 해서 그것으로 양을 채워버리면 나중에 더 맛있는 요리가 나왔을 때 후회하게 될 때도 있다.

① **요리 주문하기** 대개 채소, 육고기, 해산물 요리를 주문하고 냉채와 더운 요리, 간단히 밥, 면을 곁들이면 무난하다. 대개의 경우 백주나 황주 혹은 맥주, 콜라를 시켜 음료를 대신한다. 또 중국 요리에는 몇 인분이라는 말이 없다. 한 사람 앞에 얼마씩 따로 담는 것이 아니라 한 그릇에 1가지 요리를 전부 담아낸다. 따라서 먹을 사람이 많아지면 1가지 요리의 양을 늘리는 것이 아니라 요리의 가짓수를 늘리는 것이 원칙이다.

② **식사 에티켓** 밥그릇을 들고 밥을 먹는 것은 전혀 흉이 아니므로 밥그릇은 들고 먹어도 좋다. 중국 요리는 대개 큰 접시에 담아주므로 수저로 자기 앞에 놓인 작은 접시에다 덜어 먹으면 된다. 가족끼리의 식사가 아니라면 큰 접시 음식  을 자기가 먹던 젓가락으로 덜어가는 것은 실례이다. 음식을 덜어 먹을 때는 꼭 공용스푼이나 젓가락을 사용해서 먼저 자기 접시에 덜어놓고 먹는다.

필수 상황표현 BEST

01 오늘 밤 7시에 예약하고 싶어요.

02 우리 일행은 4명입니다.

03 메뉴 좀 보여주세요.

04 이 식당은 무엇을 잘하나요?

05 (종업원을 부르며) 여기요, 주문 받으세요.

06 (메뉴를 가리키며) 이것과 이것으로 주세요.

07 왜 우리 음식이 안 나오나요?

08 접시 좀 치워주세요.

09 포장해 주세요.

10 이과두주 한 병 주세요.

我要预定今晚七点。
Wǒ yào yù dìng jīn wǎn qī diǎn
워 야오 위 띵 찐 완 치 디앤

我们一行有四人。
Wǒ men yì xíng yǒu sì rén
워 먼 이 싱 요우 쓰 런

请给看看菜单。
Qǐng gěi kàn kan cài dān
칭 게이 칸 칸 차이 딴

这家餐厅的拿手菜是什么?
Zhè jiā cān tīng de ná shǒu cài shì shén me
쩌 찌아 찬 팅 더 나 소우 차이 쓰 선 머

劳驾, 我要点菜。
Láo jià wǒ yào diǎn cài
라오 찌아, 워 야오 디앤 차이

请给我这个和这个。
Qǐng gěi wǒ zhè ge hé zhè ge
칭 게이 워 쩌 거 허 쩌 거

我们的饭菜怎么还不出来啊?
Wǒ men de fàn cài zěn me hái bù chū lái a
워 먼 더 판 차이 전 머 하이 뿌 추 라이 아

请把碟子拿走。
Qǐng bǎ dié zi ná zǒu
칭 바 디에 즈 나 조우

请给我打包。
Qǐng gěi wǒ dǎ bāo
칭 게이 워 다 빠오

给我一瓶二锅头酒。
Gěi wǒ yì píng èr guō tóu jiǔ
게이 워 이 핑 얼 꾸오 토우 지우

01 식당 찾기와 예약

(지도를 보이며) 이 음식점은 어디에 있나요?
这个餐馆在哪儿？
Zhè ge cān guǎn zài nǎr
쩌 거 찬 구안 짜이 날

이 시간에 문을 연 식당이 있나요?
这个时候有营业的餐馆吗？
Zhè ge shí hòu yǒu yíng yè de cān guǎn ma
쩌 거 스 호우 요우 잉 예 더 찬 구안 마

이 근처에 한국식당이 있나요?
这附近有韩国餐馆吗？
Zhè fù jìn yǒu Hán guó cān guǎn ma
쩌 푸 찐 요우 한 구오 찬 구안 마

오늘 밤 7시에 예약하고 싶어요.
我要预定今晚七点。
Wǒ yào yù dìng jīn wǎn qī diǎn
워 야오 위 띵 찐 완 치 디앤

Let's go Cheerful Travel Chinese

식당

일행이 몇 분이나 되세요?
一行有几人？
Yì xíng yǒu jǐ rén
이 싱 요우 지 런

우리 일행은 4명입니다.
我们一行有四人。
Wǒ men yì xíng yǒu sì rén
워 먼 이 싱 요우 쓰 런

금연석으로 창가 쪽 가까운 자리로 주세요.
我要靠窗户的禁烟位子。
Wǒ yào kào chuāng hù de jìn yān wèi zi
워 야오 카오 추앙 후 더 찐 이앤 웨이 즈

유감스럽지만, 예약을 취소해야 할 것 같아요.
很抱歉，我要取消预约。
Hěn bào qiàn wǒ yào qǔ xiāo yù yuē
헌 빠오 치앤, 워 야오 취 씨아오 위 위에

02 식당의 **자리 안내**

6시에 이수진 이름으로 예약했는데요.
六点以李秀真的名字预定的。
Liù diǎn yǐ Lǐ xiù zhēn de míng zi yù dìng de
리우 디앤 이 리 씨우 쩐 더 밍 즈 위 띵 더

창가 쪽 자리에 앉을 수 있을까요?
能坐靠窗的位子吗?
Néng zuò kào chuāng de wèi zi ma
넝 쭤 카오 추앙 더 웨이 즈 마

더 큰 테이블은 없나요?
有没有再大一点的桌子?
Yǒu méi yǒu zài dà yì diǎn de zhuō zi
요우 메이 요우 짜이 따 이 디앤 더 쭈오 즈

빈자리가 있나요?
有空位吗?
Yǒu kòng wèi ma
요우 콩 웨이 마

식당

5명이 앉을 만한 자리가 있나요?
有五人坐的席位吗?
Yǒu wǔ rén zuò de xí wèi ma
요우 우 런 쭤 더 시 웨이 마

얼마나 기다려야 하나요?
要等多久啊?
Yào děng duō jiǔ a
야오 덩 뚜오 지우 아

30분 정도 기다리셔야겠어요.
要等三十分钟左右。
Yào děng sān shí fēn zhōng zuǒ yòu
야오 덩 싼 스 펀 쫑 주오 요우

바에서 기다릴게요.
我在酒吧等。
Wǒ zài jiǔ bā děng
워 짜이 지우 빠 덩

03 메뉴 보기

무엇을 드시고 싶으세요?
您想吃点儿什么？
Nín xiǎng chī diǎnr shén me
닌 시앙 츠 디알 선 머

메뉴 좀 보여주세요.
请给看看菜单。
Qǐng gěi kàn kan cài dān
칭 게이 칸 칸 차이 딴

점심 메뉴는 뭐가 있어요?
午饭有什么？
Wǔ fàn yǒu shén me
우 판 요우 선 머

뭐 맛있는 게 있나요?
有什么好吃的？
Yǒu shén me hǎo chī de
요우 선 머 하오 츠 더

Let's go Cheerful Travel Chinese

식당

이 식당은 무엇을 잘하나요?
这家餐厅的拿手菜是什么?
Zhè jiā cān tīng de ná shǒu cài shì shén me
쩌 찌아 찬 팅 더 나 소우 차이 쓰 선 머

오늘의 특별요리가 있나요?
今天有特别料理吗?
Jīn tiān yǒu tè bié liào lǐ ma
찐 티앤 요우 터 비에 리아오 리 마

가장 빨리 되는 요리가 뭔가요?
做得最快的料理是什么?
Zuò de zuì kuài de liào lǐ shì shén me
쭤 더 쭈이 콰이 더 리아오 리 쓰 선 머

한번 드셔 보세요. / 직접 한번 맛보세요.
您可以尝尝。 / 你亲口尝尝。
Nín kě yǐ cháng chang   Nǐ qīn kǒu cháng chang
닌 커 이 창 창   니 친 코우 창 창

04 음식 주문

(종업원을 부르며) 여기요, 주문 받으세요.
勞驾，我要点菜。
Láo jià   wǒ yào diǎn cài
라오 찌아, 워 야오 디앤 차이

(메뉴를 가리키며) 이것과 이것으로 주세요.
请给我这个和这个。
Qǐng gěi wǒ zhè ge hé zhè ge
칭 게이 워 쩌 거 허 쩌 거

같은 것으로 하겠어요.
我要一样的。
Wǒ yào yí yàng de
워 야오 이 양 더

베이징 카오야 하나 주세요.
来一个北京烤鸭。
Lái yí ge Běi jīng kǎo yā
라이 이 거 베이 찡 카오 야

Let's go Cheerful Travel Chinese

또, 쏸라탕 한 그릇 주세요.
再来一碗酸辣汤。
Zài lái yì wǎn suān là tāng
짜이 라 이 완 쑤안 라 탕

무엇을 좀 마실래요?
喝点儿什么?
Hē diǎnr shén me
허 디알 선 머

맥주는 됐고, 콜라 한 잔 주세요.
我不要啤酒，要一瓶可乐。
Wǒ bù yào pí jiǔ yào yì píng kě lè
워 뿌 야오 피 지우, 야오 이 핑 커 러

너무 맛있어요!
太好吃了!
tài hǎo chī le
타이 하오 츠 러

05 문제 발생과 주문 확인

왜 우리 음식이 안 나오나요?
我们的饭菜怎么还不出来啊？
Wǒ men de fàn cài zěn me hái bù chū lái a
워 먼 더 판 차이 전 머 하이 뿌 추 라이 아

너무 오랫동안 기다리고 있어요.
我们等了很久了。
Wǒ men děng le hěn jiǔ le
워 먼 덩 러 헌 지우 러

좀 빨리 해주실 수 있나요?
能快点儿吗？
Néng kuài diǎnr ma
넝 콰이 디알 마

이건 제가 주문한 요리가 아닌데요.
这不是我点的菜呀。
Zhè bú shì wǒ diǎn de cài ya
쩌 부 쓰 워 디앤 더 차이 야

식
당

음식이 덜 익었어요.
食物还没太熟。
Shí wù hái méi tài shóu
스우 하이 메이 타이 소우

좀 더 익혀주세요.
请再给弄熟一些。
Qǐng zài gěi nòng shóu yì xiē
칭 짜이 게이 농 소우 이 씨에

제가 유리컵을 깼어요.
我把玻璃杯给摔碎了。
Wǒ bǎ bō lí bēi gěi shuāi suì le
워 바 뽀 리 뻬이 게이 쑤아이 쑤이 러

음식 맛이 이상해요.
这菜味道怪怪的。
zhè cài wèi dao guài guài de
쩌 차이 웨이 다오 꽈이 꽈이 더

06 필요한 것을 요청할 때

테이블이 좀 더럽군요.
桌子有点儿脏。
Zhuō zi yǒu diǎnr zāng
쭈오 즈 요우 디알 짱

다시 닦아주세요.
请再擦一擦。
Qǐng zài cā yì cā
칭 짜이 차 이 차

냅킨 좀 더 갖다 주세요.
请再给拿点儿餐巾纸。
Qǐng zài gěi ná diǎnr cān jīn zhǐ
칭 짜이 게이 나 디알 찬 찐즈

너무 매워요! 물 한 잔만 갖다 주세요.
太辣了！请给我一杯水。
Tài là le Qǐng gěi wǒ yì bēi shuǐ
타이 라 레! 칭 게이 워 이 뻬이 수이

Let's go Cheerful Travel Chinese

식당

메뉴판을 다시 갖다 주세요.
请再把菜单拿给我。
Qǐng zài bǎ cài dān ná gěi wǒ
칭 짜이 바 차이 딴 나 게이 워

포크가 떨어졌어요, 새것으로 가져다주세요.
叉子掉了，请拿给我干净的。
Chā zi diào le qǐng ná gěi wǒ gān jìng de
차 즈 띠아오 러, 칭 나 게이 워 깐 찡 더

접시 좀 치워주세요.
请把碟子拿走。
Qǐng bǎ dié zi ná zǒu
칭 바 디에즈 나 조우

남은 음식은 좀 싸 주세요.
吃剩的饭菜就请打包吧。
Chī shèng de fàn cài jiù qǐng dǎ bāo ba
츠 썽 더 판 차이 찌우 칭 다 빠오 바

07 **후식** 주문과 **계산**하기

디저트는 뭐가 있나요?
甜点有什么啊？
Tián diǎn yǒu shén me a
티앤 디앤 요우 선 머 아

커피 한잔 더 주세요.
请再给我一杯咖啡。
Qǐng zài gěi wǒ yì bēi kā fēi
칭 짜이 게이 워 이 뻬이 카 페이

디저트는 필요 없어요.
甜点就不必了。
Tián diǎn jiù bú bì le
티앤 디앤 찌우 부 삐 러

여기요, 계산서 좀 주세요.
小姐，我要买单。
Xiǎo jiě wǒ yào mǎi dān
시아오 지에, 워 야오 마이 딴

식당

봉사료가 포함되었나요?
包括服务费了吗？
Bāo kuò fú wù fèi le ma
빠오 쿠오 푸 우 페이 러 마

이 요금은 무엇인가요?
这是什么费用啊？
Zhè shì shén me fèi yòng a
쩌 쓰 선 머 페이 용 아

계산서가 잘못된 것 같아요.
单子上的钱数不对。
Dān zi shàng de qián shù bú duì
딴 즈 쌍 더 치앤 쑤 부 뚜이

제가 계산할게요.
我来付款。
Wǒ lái fù kuǎn
워 라이 푸 쿠안

08 패스트푸드점에서

세트 메뉴는 뭐가 있나요?
套餐都有什么啊？
Tào cān dōu yǒu shén me a
타오 찬 또우 요우 선 머 아

3번 세트 메뉴 주세요.
我要三号套餐。
wǒ yào sān hào tào cān
워 야오 싼 하오 타오 찬

치즈버거 주세요.
我要奶酪汉堡。
Wǒ yào nǎi lào hàn bǎo
워 야오 나이 라오 한 바오

L 사이즈 콜라 한 잔 주세요.
请给我一杯 L 号可乐。
Qǐng gěi wǒ yì bēi L hào kě lè
칭 게이 워 이 뻬이 엘 하오 커 러

Let's go Cheerful Travel Chinese

식당

감자튀김 주세요.
我要炸土豆条。
Wǒ yào zhá tǔ dòu tiáo
워 야오 자 투 또우 티아오

콘 샐러드 주세요.
我要玉米沙拉。
Wǒ yào yù mǐ shā lā
워 야오 위 미 싸 라

케첩을 좀 더 주세요.
再给点儿番茄酱。
Zài gěi diǎnr fān qié jiàng
짜이 게이 디알 판 치에 찌앙

포장해 주세요.
请给我打包。
Qǐng gěi wǒ dǎ bāo
칭 게이 워 다 빠오

09 술집에서

어떤 술로 마실래요?
你想喝什么酒?
Nǐ xiǎng hē shén me jiǔ
니 시앙 허 선 머 지우

이과두주 한 병 주세요.
给我一瓶二锅头酒。
Gěi wǒ yì píng èr guō tóu jiǔ
게이 워 이 핑 얼 꾸오 토우 지우

마파두부 하나 주세요.
来一个麻婆豆腐。
Lái yí ge má pó dòu fu
라이 이 거 마 포 또우 푸

특산 맥주가 있나요?
有当地特产啤酒吗?
Yǒu dāng dì tè chǎn pí jiǔ ma
요우 땅 띠 터 찬 피 지우 마

Let's go Cheerful Travel Chinese

식당

칭다오 맥주 한 병 더 주세요.
再给我一瓶青岛啤酒。
Zài gěi wǒ yì píng Qīng dǎo pí jiǔ
짜이 게이 워 이 핑 칭 다오 피 지우

한국 소주 마셔본 적 있어요?
你喝过韩国的烧酒吗?
Nǐ hē guò Hán guó de shāo jiǔ ma
니 허 꿔 한 구오 더 싸오 지우 마

자, 건배해요!
来，干杯！
Lái gān bēi
라이, 깐 뻬이

2차 갑시다!
我们再去哪儿吧！
Wǒ men zài qù nǎr ba
워 먼 짜이 취 날 바

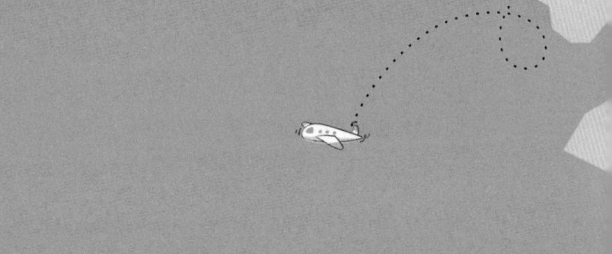

01 관광안내소 02 관광지 문의 03 관광 일정
04 관광지에서 05 경극 관람 06 클럽과 오락 즐기기
07 친구 사귀기 08 기념사진

Part 06

관광

특색있는 관광정보

Tip 6

1 | 중국여행 에티켓

① **사진촬영 에티켓** 촬영이 금지된 곳, 특히 박물관, 유적지, 절에서의 사진 촬영은 절대 금물이다. 유적지, 박물관의 촬영은 플래시로 인한 유물 손상 때문에 엄격히 금지돼 있고, 사원의 승려는 도둑촬영을 감시하는 사람이기도 하다. 공항, 군사, 항만, 일부 교량, 기차역, 비행기 안에서 창밖을 찍는 것도 금지되어 있다. 단, 공항 안에서 비행기를 배경으로 한 사진 찍기는 거의 제지하지 않는다. 또 관광지 이외의 건물이나 백화점, 쇼핑센터 매장  에서도 촬영 제재를 받을 수 있다. 사진을 찍기 전에 촬영이 가능한지 먼저 확인해야 하고, 굳이 사진을 찍고 싶거나 특정 인물을 찍을 때에는 일단 먼저 허락을 구하는 것이 가장 안전한 행동이다.

② **음주 에티켓** 술로 인한 실수는 중국에서 용서받기 힘들다. 그것은 예의에 어긋난 행동이고 사회적으로 지탄의 대상이 될 수도 있다. 술에 취해서 성급한 행동이나 무리한 요구를 한다거나 돈이면 다된다는 식의 행동을 해서는 안 된다. 특히 여자를 희롱하면 큰 봉변을 당할 수도 있다.

③ **여행지 에티켓** 중국인들의 특성상 자존심이 무척 강하므로 무심코 손가락질을 한다거나 업신여기거나 깔보는 행동을 하지 않도록 항

상 조심한다. 최근 중국도 서구화되어 가고 있지만 규모가 작은 마을에서는 보수적인 성향이 아직 남아 있기 때문에 요란한 옷차림이나 짧은 옷들은 피하는 게 좋다. 또한, 중국교포 중에는 북한출신이 많으므로 정치얘기나 일방적인 자랑은 삼간다.

2 | 중국의 전통예능 공연

① **전통예술, 경극(京劇)** 경극은 중국의 전통적인 음악, 노래, 낭독, 춤, 서커스, 무술 등을 교묘하게 융합시킨 것으로서 서양의 노래, 춤, 연극이 각각 분리되어 있는 것과는 완전히 다른 것이다. 따라서 경극은 중국 고유의 전통적인 종합무대예술이라고 할 수 있다. 화려한 머리장식과 복장 등은 모두 경극의 독특한 특징이다. 대도시 시내의 상설극장이나 유명 호텔의 공연장, 극장식 연회장 등에서 연중무휴로 공연이 이루어진다.

② **중국 서커스** 우리가 흔히 말하는 서커스를 중국에서는 잡기(雜技)라 부른다. 잡기는 베이징, 사천, 상하이 등 중국 여러 지방마다 각각 그 특색이 조금씩 다른데, 그 중에서도 상하이의 잡기를 가장 최고로 여긴다. 베이징, 상하이 등 대도시에서 매일 저녁 외국인 관광객을 위해 서커스를 공연한다. 유명 공연단으로는 베이징잡기단과 상하이잡기단이 있으며, 중국 최고의 서커스 묘기를 자랑한다. 공연시간은 1시간 30분 정도이고, 공연 시작 시간쯤 되면 표를 구할 수 없을 만큼 인기가 높다. 베이징의 조양극장, 천지극장, 상하이잡기장 등이 서커스 공연장으로 유명하다.

3 | 중국의 유명 관광지

① **천안문광장** 자금성의 외성문이기도 한 천안문 성루, 인민대회당, 역사박물관, 모택동기념당 등 주요한 건물들로 둘러싸여 있는 천안문광장은 베이징의 중심지이며 천안문 성루는 중국의 상징물이다.

② **자금성** 명·청대 24대 황제의 황궁으로 모두 90여 채의 궁궐로 이루어져 있으며, 방수는 9,000여 개에 달하여 갓난아기가 궁에서 하룻밤에 한방씩 자더라도 27살이 된다는 엄청난 규모의 고대건축이다. 고궁박물관에는 중국 황제들의 수많은 보물들이 진열되어 있다.

③ **만리장성** 세계 7대 불가사의 중의 하나. 만리장성은 중국 역대 왕조가 변경을 방위하기 위해 축조한 대 성벽으로 보하이만(渤海灣)에서 중앙아시아까지 지도상의 총연장은 약 2,700km이나, 실제는 약 6천여 km에 걸쳐 동서로 뻗어 있는 인류 역사상 최대 규모의 토목공사 유적이다.

④ **천단** 중국에서 황제가 하늘에 제사를 올리는 의식을 행하기 위하여 설치한 제단이다. 베이징시 외성의 남동쪽에 있으며, 약 6km의 성곽을 두르고 안에 원구(丘)·기년전(祈年殿)·황궁우(皇穹宇) 등의 건물이 있다. 원구는 흰 돌로 3중으로 지은 대원구(大丘)로서 하늘을 본떠서 만든 것이다.

⑤ **진시황릉과 병마용** 여산(驪山) 남쪽 기슭에 위치한 진시황제의 묘이다. 1974년 진시황릉에서 동쪽으로 1.5㎞ 되는 곳에서 세 개의 대형 병마용 구덩이를 발굴했는데 도자기로 된 병사와 말 8천여 점과 목제 전차 100여 대, 청동병기 4만여 점이 있었다. 또, 동으로 된 차, 동으로 된 말과 많은 절세의 진귀한 보물들도 발견해 냈다. 놀라운 것은 출토된 이 6천여 점의 병사 도자기용이 진짜 사람 크기이고 얼굴모양이 하나도 같지 않았다는 것이다. 1987년 유네스코 세계문화유산으로 지정되었다.

필수 상황표현 BEST

01 여행 안내소는 어디에 있나요?

02 관광 지도를 주세요.

03 가장 인기 있는 투어가 뭔가요?

04 남경로에 무슨 재미있는 것이 있나요?

05 오후에는 무슨 계획이 있나요?

06 입장료는 얼마인가요?

07 다음 경극 공연은 몇 시부터인가요?

08 이 옷을 입고 거기 갈 수 있을까요?

09 사진 좀 찍어주시겠어요?

10 여기서 사진 찍어도 되나요?

旅行咨询处在哪儿啊？
Lǚ xíng zī xún chù zài nǎr a
뤼 싱 쯔 쉰 추 짜이 날 아

请给我旅行地图。
Qǐng gěi wǒ lǚ xíng dì tú
칭 게이 워 뤼 싱 띠 투

最流行的旅行是什么？
Zuì liú xíng de lǚ xíng shì shén me
쭈이 리우 싱 더 뤼 싱 쓰 선 머

南京路有什么好玩儿的？
Nán jīng lù yǒu shén me hǎo wánr de
난 찡 루 요우 선 머 하오 왈 더

下午有什么安排？
Xià wǔ yǒu shén me ān pái
씨아 우 요우 선 머 안 파이

门票是多少钱？
Mén piào shì duō shǎo qián
먼 피아오 쓰 뚜오 사오 치앤

下场京剧是在几点啊？
Xià chǎng jīng jù shì zài jǐ diǎn a
씨아 창 찡 쮜 쓰 짜이 지 디앤 아

穿这件衣服去那儿行吗？
Chuān zhè jiàn yī fú qù nàr xíng ma
추안 쩌 찌앤 이 푸 취 날 싱 마

麻烦您给照张相行吗？
Má fan nín gěi zhào zhāng xiàng xíng ma
마 판 닌 게이 짜오 짱 씨양 싱 마

可以在这个地方拍照吗？
Kě yǐ zài zhè ge dì fāng pāi zhào ma
커 이 짜이 쩌 거 띠 팡 파이 짜오 마

01 관광안내소

여행 안내소는 어디에 있나요?
旅行咨询处在哪儿啊？
Lǚ xíng zī xún chù zài nǎr a
뤼싱쯔쉰추짜이날아

관광 지도를 주세요.
请给我旅行地图。
Qǐng gěi wǒ lǚ xíng dì tú
칭게이워뤼싱띠투

어떤 관광이 인기가 있나요?
什么样的观光更流行啊？
Shén me yàng de guān guāng gèng liú xíng a
선머양더꾸안꾸앙껑리우싱아

가장 인기 있는 투어가 뭔가요?
最流行的旅行是什么？
Zuì liú xíng de lǚ xíng shì shén me
쭈이리우싱더뤼싱쓰선머

Let's go Cheerful Travel Chinese

무슨 재미있는 것이 있나요?
有什么好玩儿的?
Yǒu shén me hǎo wánr de
요우 선 머 하오 왈 더

시내 관광버스가 있나요?
有市内观光客车吗?
Yǒu shì nèi guān guāng kè chē ma
요우 쓰 네이 꾸안 꾸앙 커 처 마

야간 투어를 하고 싶어요.
我想夜间旅行。
Wǒ xiǎng yè jiān lǚ xíng
워 시앙 예 찌앤 뤼 싱

여기서 여행 예약을 할 수 있나요?
可以在这里办旅行预订吗?
Kě yǐ zài zhè lǐ bàn lǚ xíng yù dìng ma
커 이 짜이 쩌 리 빤 뤼 싱 위 띵 마

02 관광지 문의

어디를 먼저 가야 할까요?
应该先去哪儿啊?
Yīng gaī xiān qù nǎr a
잉 까이 씨앤 취 날 아

이화원은 꼭 들려보세요.
你一定要去颐和园看看。
Nǐ yí dìng yào qù Yí hé yuán kàn kan
니 이 띵 야오 취 이 허 위앤 칸 칸

들어 본 적이 있어요.
我听说过。
Wǒ tīng shuō guò
워 팅 쑤오 꾸오

남경로에 무슨 재미있는 것이 있나요?
南京路有什么好玩儿的?
Nán jīng lù yǒu shén me hǎo wánr de
난 찡 루 요우 선 머 하오 왈 더

Let's go Cheerful Travel Chinese

- 거기서 볼거리는 어떤 게 있나요?
  这里有什么可看的？
  Zhè li yǒu shén me kě kàn de
  쩌 리 요우 선 머 커 칸 더

- 이 지방의 명물 음식이 무엇인가요?
  这个地方有什么特色菜？
  Zhè ge dì fāng yǒu shén me tè sè cài
  쩌 거 띠 팡 요우 선 머 터 써 차이

- 예약을 해야 하나요?
  需要预约吗？
  Xū yào yù yuē ma
  쒸 야오 위 위에 마

- 한국어를 하는 가이드가 있나요?
  有讲韩文的导游吗？
  Yǒu jiǎng hán wén de dǎo yóu ma
  요우 지앙 한 원 더 다오 요우 마

관광

03 관광 **일정**

또 어떤 곳에 가나요?
还去什么地方？
Hái qù shén me dì fang
하이 취 선 머 띠 팡

어디에서 점심을 먹나요?
在哪儿吃午饭？
Zài nǎr chī wǔ fàn
짜이 날 츠우 판

오후에는 무슨 계획이 있나요?
下午有什么安排？
Xià wǔ yǒu shén me ān pái
씨아 우 요우 선 머 안 파이

저녁에는 공연을 보러 갈 거예요.
晚上我们去看表演。
Wǎn shang wǒ men qù kàn biǎo yǎn
완 상 워 먼 취 칸 비아오 이앤

Let's go Cheerful Travel Chinese

내일 몇 시에 출발하나요?
明天几点出发？
Míng tiān jǐ diǎn chū fā
밍 티앤 지 디앤 추 파

언제 상해로 갑니까?
什么时候去上海？
Shén me shí hou qù Shàng hǎi
선 머 스 호우 취 쌍 하이

무슨 요일에 소주로 갑니까?
星期几去苏洲？
Xīng qī jǐ qù Sū zhōu
씽 치 지 취 쑤 쪼우

수요일 오전에요.
星期三上午。
xīng qī sān shàng wǔ
씽 치 싼 쌍 우

관광

04 관광지에서

입장료는 얼마인가요?
门票是多少钱？
Mén piào shì duō shǎo qián
먼 피아오 쓰 뚜오 사오 치앤

오늘밤 좋은 공연이 있나요?
今晚有好看的演出吗？
Jīn wǎn yǒu hǎo kàn de yǎn chū ma
찐 완 요우 하오 칸 더 이앤 추 마

미술관의 안내책자가 있나요?
有美术馆的导游小册子吗？
Yǒu měi shù guǎn de dǎo yóu xiǎo cè zǐ ma
요우 메이 쑤 구안 더 다오 요우 시아오 처 즈 마

유람선 타는 곳은 어디인가요?
坐游船的地方在哪儿？
Zuò yóu chuán de dì fang zài nǎr
쭈오 요우 추안 더 띠 팡 짜이 날

Let's go Cheerful Travel Chinese

경치가 너무 아름답군요!
景色太美了！
Jǐng sè tài měi le
징 써 타이 메이 러

이 짐을 보관해 주시겠어요?
请帮我保管这个行李行吗？
Qǐng bāng wǒ bǎoguǎn zhè ge xíng li xíng ma
칭 빵 워 바오 구안 쩌 거 싱 리 싱 마

관광

택시 좀 불러주시겠어요?
请帮我叫辆出租车，好吗？
Qǐng bāng wǒ jiào liàng chū zū chē hǎo ma
칭 빵 워 찌아오 리앙 추 쭈 처, 하오 마

이 근처에 화장실이 있나요?
这儿附近有厕所吗？
Zhèr fù jìn yǒu cè suǒ ma
쩔 푸 찐 요우 처 수오 마

05 경극 관람

어디서 경극을 볼 수 있나요?
在哪里能看到京剧啊？
Zài nǎ li néng kàn dào jīng jù a
짜이 나 리 넝 칸 따오 찡 쮜 아

경극표는 어디서 살 수 있나요?
在哪里能买到京剧票啊？
Zài nǎ li néng mǎi dào jīng jù piào a
짜이 나 리 넝 마이 따오 찡 쮜 피아오 아

다음 경극 공연은 몇 시부터인가요?
下场京剧是在几点啊？
Xià chǎng jīng jù shì zài jǐ diǎn a
씨아 창 찡 쮜 쓰 짜이 지 디앤 아

오늘 밤 좌석을 예약하고 싶어요.
我要预定今晚的座位。
Wǒ yào yù dìng jīn wǎn de zuò wèi
워 야오 위 띵 찐 완 더 쭤 웨이

가장 싼 좌석으로 2장 주세요.
请给我两张最便宜的座位。
Qǐng gěi wǒ liǎng zhāng zuì pián yi de zuò wèi
칭 게이 워 리앙 짱 쭈이 피앤 이 더 쭈오 웨이

안에서 사진 찍어도 되나요?
可以在里边照相吗?
Kě yǐ zài li biān zhào xiàng ma
커 이 짜이 리 삐앤 짜오 씨앙 마

공연 팸플릿을 판매하나요?
卖演出小册子吗?
Mài yǎn chū xiǎo cè zi ma
마이 이앤 추 시아오 처 즈 마

경극 공연이 너무 멋졌어요.
京剧真是太棒了。
Jīng jù zhēn shì tài bàng le
찡 쮜 쩐 쓰 타이 빵 러

06 클럽과 오락 즐기기

호텔에 노래방이 있나요?
饭店里边有歌厅吗?
Fàn diàn li biān yǒu gē tīng ma
판 띠앤 리 삐앤 요우 꺼 팅 마

룸 하나 빌리는 데 얼마인가요?
一间包房多少钱?
Yī jiān bāo fáng duō shǎo qián
이 찌앤 빠오 팡 뚜오 사오 치앤

이 근처에 디스코텍이 있나요?
这儿附近有迪斯科舞厅吗?
Zhè fù jìn yǒu dí sī kē wǔ tīng ma
쩔 푸 찐 요우 디 쓰 커 우 팅 마

우리 나이트 가서 춤춰요.
我们去夜总会跳舞吧。
Wǒ men qù yè zǒng huì tiào wǔ ba
워 먼 취 예 종 후이 티아오 우 바

Let's go Cheerful Travel Chinese

이 옷을 입고 거기 갈 수 있을까요?
穿这件衣服去那儿行吗?
Chuān zhè jiàn yī fú qù nàr xíng ma
추안 쩌 찌앤 이 푸 취 날 싱 마

저는 카지노에 가본 적이 없어요.
我没去过赌场。
Wǒ méi qù guò dǔ chǎng
워 메이 취 꾸오 두 창

초보자에게 좋은 게임은 뭔가요?
对新手来说什么样的游戏好呢?
Duì xīn shǒu lái shuō shén me yàng de yóu xì hǎo ne
뚜이 씬 소우 라이 쑤오 선 머 양 더 요우 씨 하오 너

칩은 어디서 사나요?
在哪儿兑换筹码?
Zài nǎr duì huàn chóu mǎ
짜이 날 뚜이 환 초우 마

관광

07 **친구** 사귀기

어디에서 오셨어요?
你 从 哪 儿 来?
Nǐ cóng nǎr ái
니 총 날 라이

저는 한국에서 왔어요. 당신은요?
我 从 韩 国 来。 您 呢?
Wǒ cóng Hán guó lái   nín ne
워 총 한 구오 라이. 닌 너

안녕하세요, 같이 앉아도 될까요?
你 好, 一 起 坐, 好 吗?
nǐ hǎo   yì qǐ zuò   hǎo ma
니 하오, 이 치 쭈오, 하오 마

우리 자리에서 함께 드시겠어요?
跟 我 们 合 桌 一 起 吃, 好 吗?
Gēn wǒ men hé zhuō yì qǐ chī   hǎo ma
껀 워 먼 허 쭈오 이 치 츠, 하오 마

Let's go Cheerful Travel Chinese

같이 한 시간이 정말 좋았어요.
跟大家在一起很开心。
Gēn dà jiā zài yì qǐ hěn kāi xīn
껀 따 찌아 짜이 이 치 헌 카이 씬

즐거운 시간 되세요!
祝你玩儿得开心!
Zhù nǐ wánr de kāi xīn
쭈 니 왈 더 카이 씬

즐거운 여행되세요!
祝你旅行愉快!
Zhù nǐ lǚ xíng yú kuài
쭈 니 뤼 싱 위 콰이

한국에 오시면 연락주세요.
来韩国跟我联络哦。
Lái Hán guó gēn wǒ lián luò o
라이 한 구어 껀 워 리앤 루오 오

관광

08 기념사진

사진 좀 찍어주시겠어요?
麻烦您给照张相行吗?
Má fan nín gěi zhào zhāng xiàng xíng ma
마 판 닌 게이 짜오 짱 씨앙 싱 마

동방명주 탑을 배경으로 사진을 찍어주세요.
请把东方明珠塔也一起拍下来。
Qǐng bǎ Dōng fāng míng zhū tǎ yě yì qǐ pāi xià lái
칭 바 똥 팡 밍 쭈 타 이에 이 치 파이 씨아 라이

이 버튼을 누르시면 돼요.
按这个钮就行了。
àn zhè ge niǔ jiù xíng le
안 쩌 거 니우 찌우 싱 러

준비됐어요, 찍으세요.
我们都准备好了, 照吧。
Wǒ men dōu zhǔn bèi hǎo le zhào ba
워 먼 또우 준 뻬이 하오 러, 짜오 바

Let's go Cheerful Travel Chinese

사람들이 지나갈 때까지 기다려요.
等人过去以后再拍吧。
Děng rén guò qù yǐ hòu zài pāi ba
덩 런 꾸오 취 이 호우 짜이 파이 바

여기서 사진 찍어도 되나요?
可以在这个地方拍照吗?
Kě yǐ zài zhè ge dì fāng pāi zhào ma
커 이 짜이 쩌 거 띠 팡 파이 짜오 마

관광

당신 사진을 찍어도 될까요?
给你照张相好吗?
Gěi nǐ zhào zhāng xiàng hǎo ma
게이 니 짜오 짱 씨앙 하오 마

저와 함께 사진 찍어주시겠어요?
能跟我照张相吗?
Néng gēn wǒ zhào zhāng xiàng ma
넝 껀 워 짜오 짱 씨앙 마

01 상점을 찾거나 둘러볼 때　02 영업시간과 세일 문의　03 특산품과 전자제품 매장에서
04 화장품과 액세서리 매장에서　05 의류 매장에서　06 디자인, 색상, 사이즈 문의
07 가격 문의와 흥정하기　08 계산과 포장　09 교환과 반품　10 슈퍼마켓이나 편의점 이용

Part 07

쇼핑

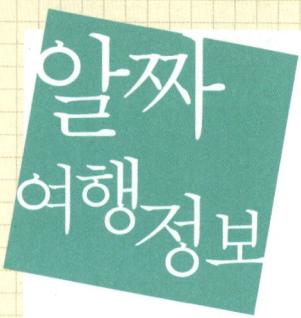

두배로 즐기는 **쇼핑**

Tip 7

1 | 중국의 상점

① **우의상점** 우의상점은 중국이 개방 정책을 실시하기 전에 비교적 큰 도시에 외국인 전용으로 설립했던, 중국에서만 볼 수 있는 독특한 쇼핑센터였는데 지금은 내국인에게도 개방되었다. 우의상점에서 판매되는 제품들은 주로 대외 수출용 상품으로 일반 소규모 상점의 물건보다 품질이 좋은데, 특히 실크제품, 전통 수공예품 등은 가격이 저렴한 편이다. 베이징 우의상점은 식품 부분이, 상하이 우의상점은 골동품이 유명하다.

② **시장** 현대식 대형 쇼핑센터와는 달리 물건도 조잡하고 형편없지만 중국 서민들의 일상모습을 느껴볼 수 있는 곳이다. 각 지방에는 저마다 독특한 시장들이 많이 있는데 우리나라의 재래식 시장을 연상하면 된다.

③ **백화점** 베이징, 상하이, 광저우 등의 대도시에는 대규모 백화점이 많이 있다. 특히, 중외합작 백화점들은 그 규모나 상품들이 우리나라의 대형 백화점과 비교해도 손색이 없을 정도이다. 이곳에서는 중국 국내 상품뿐만 아니라 외국의 유명 브랜드제품까지 매우 다양하다.

2 | 가격 흥정하기

중국에서는 관광객들에게 바가지를 씌우는 경향이 심해서 백화점이나 일류 상점을 제외하고는 가격 흥정이 상식이 되어 있다. 국가에서 운영하는 국영상점이나 도매상에서는 정찰제를 하고 있지만 토산품이나 기념품을 파는 상점이라면 얘기가 달라진다. 대부분 외국 관광객을 상대로 하는 기념품 상점의 물건 가격은 실제 가격보다 두 배나 높게 책정되어 있으므로, 점원이 부르는 가격에서 50%, 심지어 70~80%까지 흥정을 해서 살 수 있는 경우가 많다. 중국에서 물건을 구입할 때는 상점에 따라 가격 차이가 많이 나기 때문에 한 곳만을 돌아보고 사지 말고 반드시 여러 곳에서 가격과 품질을 비교해 본 뒤에 사도록 한다. 환불은 대개 통하지 않는다.

3 | 두 배로 즐기는 쇼핑명소

① **왕푸징(王府井) 거리** : 베이징의 명동으로 불리는 곳으로 자금성 동쪽의 왕푸징 대로를 중심으로 하는 대표적인 번화가다. 총 길이 1㎞ 정도지만 백화점과 고급 전문상가, 일류 호텔이 모여 있고, 크고 작은 상점과 선물가게가 늘어서 있다. 왕푸징 거리는 2008년 베이징 올림픽 개최에 맞춰 대대적인 개발을 통해, 단순 쇼핑가가 아닌 음식과 문

화, 레저, 휴식, 엔터테인먼트를 겸한 종합 문화 공간으로 베이징의 관광명소가 되었다.

② **난징루(南京路) 거리** 상하이 최고, 아니 중국 최대의 번화가라고 할 수 있다. 총 길이 5km에 이르는 거리에는 각양각색의 상점과 백화점, 레스토랑, 호텔이 위치하여 주말이면 발을 디딜 수 없을 정도로 수많은 사람들로 붐비는 곳이다. 난징루에서 시작하여 외탄, 예원까지 이어지는 길은 상하이의 분위기를 느끼며 쇼핑도 할 수 있는 산책로로 유명하다. 거리폭이 넓어서 걸어 다니기가 편하고 차가 다닐 수 없는 대신 코끼리열차가 수시로 관광객과 쇼핑객들을 태우고 다닌다.

③ **유리창(琉璃廠)** 청대의 거리를 재현한 곳으로 우리나라의 인사동처럼 중국 정서를 느낄 수 있는 분위기 있는 거리이다. 유리창 거리는 청대의 불상 같은 골동품, 서화, 도장 재료, 붓, 벼루, 먹 등을 취급하는 가게가 모여 있다. 흥미 있는 물건을 상점 직원에게 물어보면 의외의 귀중한 골동품을 볼 수 있는 기회도 얻을 수 있고, 즉석에서 도장을 새겨주는 가게도 있다.

4 | 인기 있는 쇼핑품목

① **중국 차** 중국차의 역사는 기원전 28년에 이미 차의 해독작용을 발견하였고, 3000년 전 주나라 때부터 기호품으로 널리 보급되어 왔다. 복건성의 우롱차는 향기가 짙을 뿐만 아니라 숙취와 다이어트에 좋아 국제적으로 유명한 인기상품이 되었다. 또, 안휘성사문(安徽省祀門)의 홍차는 그 맛이 좋아 최고로 친다.

② **한방약** 중국은 한방약의 본고장으로, 중국을 여행한 사람이면 우황청심환 하나쯤은 사오기 마련이다. 한방약은 종류도 매우 많고 처방하는 방법이 까다로울 수도 있으므로 일반적인 약재 외에는 구입할 때 전문의(중의)의 처방을 받은 뒤 사는 것이 좋다.

③ **도장재료** 인감도장 등에 쓰이는 고급 재료로, 수정이나 호목석(虎目石), 마노석(瑪瑙石), 계혈석(鷄血石) 등의 돌재료가 유명하다. 특히, 계혈석은 저장성이 주산지로 붉은색의 돌이 섬세한 빛깔을 내는 것이 특징이다. 도장재료 상점에는 이름을 새기는 기술자가 있는 곳이 많아서 직접 이름도 새길 수 있다.

④ **중국 전통주** 오량액(五粮液)은 중국의 증류주 가운데 가장 유명하며 당나라 때 처음으로 양조되었다. 마오타이주는 알코올 도수가 53도이며 마오타이촌의 물로 만들어 마오타이주로 불린다. 장향 냄새가 아주 좋고 여운이 오래 가는 마오타이주는 세계 3대 명주 중의 하나로 불리고 있다.

필수 상황표현 BEST

01 그냥 구경하는 거예요.

02 할인합니까?

03 차만 전문적으로 파는 상점이 있나요?

04 (카탈로그를 보이며) 이것과 같은 물건이 있나요?

05 너무 꽉 끼는데, 한 사이즈 큰 게 있나요?

06 이것은 얼마입니까?

07 너무 비싸군요.

08 좀 싸게 해주실 수 있나요?

09 따로따로 포장해 주세요.

10 다른 것으로 교환할 수 있나요?

我只是看看而已。
Wǒ zhǐ shi kàn kan ér yǐ
워 즈 쓰 칸 칸 얼 이

打折吗？
Dǎ zhé ma
다 저 마

有没有专卖茶的商店？
Yǒu méi yǒu zhuān mài chá de shāng diàn
요우 메이 요우 쭈안 마이 차 더 쌍 띠앤

有跟这个一样的吗？
Yǒu gēn zhè ge yí yàng de ma
요우 껀 쩌 거 이 양 더 마

太紧了，有没有大一号的？
Tài jǐn le yǒu méi yǒu dà yí hào de
타이 진 러, 요우 메이 요우 따 이 하오 더

这个多少钱啊？
Zhè ge duō shao qián a
쩌 거 뚜오 사오 치앤 아

太贵了。
Tài guì le
타이 꾸이 러

能便宜一点儿吗？
Néng pián yi yì diǎnr ma
넝 피앤 이 이 디알 마

请分开包装。
Qǐng fēn kāi bāo zhuāng
칭 펀 카이 빠오 쭈앙

可以换别的吗？
Kě yǐ huàn bié de ma
커 이 환 비에 더 마

161

01 상점을 찾거나 둘러볼 때

가까운 백화점은 어디인가요?
最近的百货商店在哪儿?
Zuì jìn de bǎi huò shāng diàn zài nǎr
쭈이 찐 더 바이 훠 쌍 띠앤 짜이 날

기념품 가게는 어디에 있나요?
哪里有纪念品店啊?
Nǎ li yǒu jì niàn pǐn diàn a
나 리 요우 찌 니앤 핀 띠앤 아

면세점이 있나요?
有免税品店吗?
Yǒu miǎn shuì pǐn diàn ma
요우 미앤 쑤이 핀 띠앤 마

가전제품 매장은 어디 있어요?
家用电器在哪儿卖?
Jiā yòng diàn qì zài nǎr mài
찌아 용 띠앤 치 짜이 날 마이

Let's go Cheerful Travel Chinese

그냥 구경하는 거예요.
我只是看看而已。
Wǒ zhǐ shì kàn kan ér yǐ
워 즈 쓰 칸 칸 얼 이

마음에 드는 게 없네요.
没有看好的。
Méi yǒu kàn hǎo de
메이 요우 칸 하오 더

죄송해요, 안 살래요.
对不起，我不要了。
Duì bu qǐ wǒ bù yào le
뚜이 부 치 워 뿌 야오 러

다음에 올게요.
我下回再来。
Wǒ xià huí zài lái
워 씨아 후이 짜이 라이

쇼핑

02 영업시간과 세일 문의

말씀 좀 물을게요, 영업시간이 어떻게 되세요?
请问，一下营业时间？
Qǐng wèn yí xià yíng yè shí jiān
칭 원, 이 씨아 잉 예 스 찌앤

저희 영업시간은 6시까지입니다.
我们营业时间到六点。
Wǒ men yíng yè shí jiān dào liù diǎn
워 먼 잉 예 스 찌앤 따오 리우 디앤

저희는 24시간 영업합니다.
我们是二十四小时营业。
Wǒ men shì èr shí sì xiǎo shí yíng yè
워 먼 쓰 얼 스 쓰 시아오 스 잉 예

지금 세일 기간인가요?
现在是减价期间吗？
Xiàn zài shì jiǎn jià qī jiān ma
씨앤 짜이 쓰 지앤 찌아 치 찌앤 마

Let's go Cheerful Travel Chinese

할인합니까?
打折吗？
Dǎ zhé ma
다 저 마

한 번에 많이 사면 값이 좀 싼가요?
一次多买的话会便宜点儿吗？
Yí cì duō mǎi de huà huì pián yi diǎnr ma
이 츠 뚜오 마이 더 화 후이 피앤 이 디알 마

저희는 할인 판매를 하지 않아요.
我们不打折扣。
Wǒ men bù dǎ zhé kòu
워 먼 뿌 다 저 코우

저희는 정찰제입니다.
我们不二价。
Wǒ men bú èr jià
워 먼 부 얼 찌아

쇼핑

03 특산품과 전자제품 매장에서

중국 특산품을 사려고 해요.
我想买一些中国特产品。
Wǒ xiǎng mǎi yì xiē zhōng guó tè chǎn pǐn
워 시앙 메이 이 씨에 쫑 구오 터 찬 핀

차만 전문적으로 파는 상점이 있나요?
有没有专卖茶的商店?
Yǒu méi yǒu zhuān mài chá de shāng diàn
요우 메이 요우 쭈안 마이 차 더 쌍 띠앤

어떤 종류의 차가 있어요?
你们有什么茶?
Nǐ men yǒu shén me chá
니 먼 요우 선 머 차

기념품을 사고 싶어요.
我想买纪念品。
Wǒ xiǎng mǎi jì niàn pǐn
워 시앙 마이 찌 니앤 핀

Let's go Cheerful Travel Chinese

귀엽지 않나요?
不觉得很可爱吗？
Bù jué de hěn kě ài ma
뿌 쮜에 더 헌 커 아이 마

(카탈로그를 보이며) 이것과 같은 물건이 있나요?
有跟这个一样的吗？
Yǒu gēn zhè ge yí yàng de ma
요우 껀 쩌 거 이양 더 마

이것이 가장 신제품인가요?
这是新上市的吗？
Zhè shì xīn shàng shì de ma
쩌 쓰 씬 쌍 쓰 더 마

이거 어떻게 작동시키는 건가요?
这个怎么操作？
Zhè ge zěn me cāo zuò
쩌 거 전 머 차오 쭈오

쇼핑

04 화장품과 액세서리 매장에서

화장품 코너는 어디에 있나요?
化妆品柜台在哪儿？
Huà zhuāng pǐn guì tái zài nǎr
화 쭈앙 핀 꾸이 타이 짜이 날

이것은 무슨 향인가요?
这是什么香味儿？
Zhè shì shén me xiāng wèir
쩌 쓰 선 머 씨앙 월

좀 더 은은한 걸로 주세요.
给我拿淡一点的。
Gěi wǒ ná dàn yì diǎn de
게이 워 나 딴 이 디앤 더

핸드백을 찾고 있어요.
我在找手提包。
Wǒ zài zhǎo shǒu tí bāo
워 짜이 자오 소우 티 빠오

다른 모양이 있나요?
有别的款式吗？
Yǒu bié de kuǎn shì ma
요우 비에 더 쿠안 쓰 마

이거 진짜 진주인가요, 아니면 모조품인가요?
这个珍珠是真的还是仿制的？
Zhè ge zhēn zhū shì zhēn de hái shì fǎng zhì de
쩌 거 쩐 쭈 쓰 쩐 더 하이 쓰 팡 쯔 더

도금한 건가요?
是镀金的吗？
Shì dù jīn de ma
쓰 뚜 찐 더 마

보증서가 있나요?
有没有保证书？
Yǒu méi yǒu bǎo zhèng shū
요우 메이 요우 바오 쩡 쑤

쇼핑

05 의류 매장에서

이 옷 어때요?
这件衣服怎么样？
Zhè jiàn yī fu zěn me yàng
쩌 찌앤 이 푸 전 머 양

이 실크 셔츠는 얼마인가요?
这件丝绸衬衣多少钱？
Zhè jiàn sī chóu chèn yī duō shǎo qián
쩌 찌앤 쓰 초우 천 이 뚜오 사오 치앤

이거 한 번 입어 봐도 될까요?
我可以试穿一下吗？
Wǒ kě yǐ shì chuān yí xià ma
워 커 이 쓰 추안 이 씨아 마

손님은 몇 호를 입으세요?
您穿多大号的？
Nín chuān duō dà hào de
닌 추안 뚜오 따 하오 더

저는 미디엄 사이즈 입어요.
我穿中号的。
Wǒ chuān zhōng hào de
워 추안 쫑 하오 더

탈의실이 어딘가요?
更衣室在哪儿?
Gēng yī shì zài nǎr
껑 이 쓰 짜이 날

이 소재는 무엇인가요?
这个布料是什么啊?
Zhè ge bù liào shì shén me a
쩌 거 뿌 리아오 쓰 선 머 아

물세탁이 가능한가요?
可以水洗吗?
Kě yǐ shuǐ xǐ ma
커 이 수이 시 마

쇼핑

06 디자인, 색상, 사이즈 문의

다른 디자인은 없나요?
有没有别的款式?
Yǒu méi yǒu bié de kuǎn shì
요우 메이 요우 비에 더 쿠안 쓰

이 스타일이 저에게 어울려요?
这个款式我穿好看吗?
Zhè ge kuǎn shì wǒ chuān hǎo kàn ma
쩌 거 쿠안 쓰 워 추안 하오 칸 마

어떤 색상이 있나요?
有什么颜色的啊?
Yǒu shén me yán sè de a
요우 선 머 이앤 써 더 아

흰색과 검정색이 있습니다.
有白色和黑色的。
Yǒu bái sè hé hēi sè de
요우 바이 써 허 헤이 써 더

또 다른 색이 있나요?
还有别的颜色吗？
Hái yǒu bié de yán sè ma
하이 요우 비에 더 이앤 써 마

같은 디자인으로 다른 색상이 있나요?
同样的款式有其他颜色吗？
Tóng yàng de kuǎn shì yǒu qí tā yán sè ma
통 양 더 쿠안 쓰 요우 치 타 이앤 써 마

조금 큰데요.
有点儿大。
Yǒu diǎnr dà
요우 디알 따

너무 꽉 끼는데, 한 사이즈 큰 게 있나요?
太紧了，有没有大一号的？
Tài jǐn le　yǒu méi yǒu dà yí hào de
타이 진 러, 요우 메이 요우 따 이 하오 더

쇼
핑

07 가격 문의와 흥정하기

좋아요, 이걸로 하죠.
好吧，我要这件。
Hǎo ba　wǒ yào zhè jiàn
하오 바, 워 야오 쩌 찌앤

이것은 얼마입니까?
这个多少钱啊?
Zhè ge duō shao qián a
쩌 거 뚜오 사오 치앤 아

모두 얼마인가요?
一共多少钱啊?
Yí gòng duō shao qián a
이 꽁 뚜오 사오 치앤 아

세금이 포함되었나요?
包括税吗?
Bāo kuò shuì ma
빠오 쿠오 쑤이 마

Let's go Cheerful Travel Chinese

너무 비싸군요.
太贵了。
Tài guì le
타이 꾸이 러

예상보다 비싸네요.
比预想的要贵。
Bǐ yù xiǎng de yào guì
비 위 시앙 더 야오 꾸이

좀 싸게 해주실 수 있나요?
能便宜一点儿吗？
Néng pián yi yì diǎnr ma
넝 피앤 이 이 디알 마

가장 싸게 얼마에 줄 수 있어요?
最低你能出什么价？
Zuì dī nǐ néng chū shén me jià
쭈이 띠 니 넝 추 선 머 찌아

쇼
핑

08 계산과 포장

현금으로 지불할게요.
我要付现金。
Wǒ yào fù xiàn jīn
워 야오 푸 씨앤 찐

달러로 계산할 수 있나요?
可以用美元付账吗?
Kě yǐ yòng měi yuán fù zhàng ma
커 이 용 메이 위앤 푸 짱 마

신용카드를 사용할 수 있나요?
可以用信用卡吗?
Kě yǐ yòng xìn yòng kǎ ma
커 이 용 씬 용 카 마

할부로 구입할 수 있나요?
可以分期付款吗?
Kě yǐ fēn qī fù kuǎn ma
커 이 펀 치 푸 쿠안 마

Let's go Cheerful Travel Chinese

거스름돈이 안 맞는 것 같아요.
你好像找错钱了。
Nǐ hǎo xiàng zhǎo cuò qián le
니 하오 씨앙 자오 춰 치앤 러

영수증을 주세요.
请给我收据。
Qǐng gěi wǒ shōu jù
칭 게이 워 쏘우 쮜

따로따로 포장해 주세요.
请分开包装。
Qǐng fēn kāi bāo zhuāng
칭 펀 카이 빠오 쭈앙

쇼핑

선물용으로 포장해 주세요.
我要送礼，请包得好看一些。
Wǒ yào sòng lǐ qǐng bāo de hǎo kàn yì xiē
워 야오 쏭 리, 칭 빠오 더 하오 칸 이 씨에

09 교환과 반품

이것을 교환하고 싶어요.
我想换。
Wǒ xiǎng huàn
워 시앙 환

치수를 바꿔주세요.
请给我换尺寸。
Qǐng gěi wǒ huàn chǐ cùn
칭 게이 워 환 츠 춘

다른 것으로 교환할 수 있나요?
可以换别的吗?
Kě yǐ huàn bié de ma
커 이 환 비에 더 마

얼룩이 묻어 있어요.
有污垢。
Yǒu wū gòu
요우 우 꼬우

Let's go Cheerful Travel Chinese

- 여기가 좀 더러워요.
  这里有点儿脏。
  Zhè li yǒu diǎnr zāng
  쩌 리 요우 디알 짱

- 이것을 반품하고 싶어요.
  我想要退货。
  Wǒ xiǎng yào tuì huò
  워 시앙 야오 투이 훠

- 이것은 흠이 나 있어요.
  这个有毛病。
  Zhè ge yǒu máo bìng
  쩌 거 요우 마오 삥

- 제대로 작동이 안 되는군요.
  不能正常转动。
  Bù néng zhèng cháng zhuàn dòng
  뿌 넝 쩡 창 쭈안 똥

쇼핑

10 슈퍼마켓이나 편의점 이용

부근에 슈퍼마켓이 있나요?
附近有超市吗?
Fù jìn yǒu chāo shì ma
푸 찐 요우 차오 쓰 마

이 근처에 편의점이 있나요?
这附近有没有便利店?
Zhè fù jìn yǒu méi yǒu biàn lì diàn
쩌 푸 찐 요우 메이 요우 삐앤 리 디앤

어떻게 가야 하죠?
怎么走?
Zěn me zǒu
전 머 조우

무엇을 찾으십니까?
您在找什么?
Nín zài zhǎo shén me
닌 짜이 자오 선 머

Let's go Cheerful Travel Chinese

치약은 어디에 있나요?
牙膏在哪儿？
Yá gāo zài nǎr
야 까오 짜이 날

미네랄워터는 어디에 있나요?
矿泉水在哪儿？
Kuàng quán shuǐ zài nǎr
쿠앙 취앤 쉐이 짜이 날

뭐 다른 필요한 거 있어요?
还要别的吗？
Hái yào bié de ma
하이 야오 비에 더 마

이거 넣을 수 있는 상자 좀 얻을 수 있나요?
有装得进这个的箱子吗？
Yǒu zhuāng dé jìn zhè ge de xiāng zi ma
요우 쭈앙 더 찐 쩌 거 더 씨앙 즈 마

쇼핑

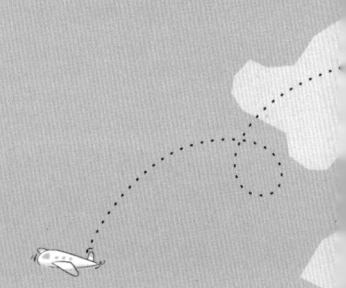

01 국제전화 02 공중전화 03 우체국
04 은행과 현금자동인출기 05 병원
06 아픈 증상 07 약국

Part 08
통신과 시설이용

통신과 시설이용

Tip 8

1 | 전화 이용하기

① **공중전화 이용** 베이징 등 대도시에서는 동전이나 카드를 사용하는 공중전화를 이용할 수 있다. 체류하고 있는 지역의 호텔 중 비교적 규모가 큰 곳으로 가서 로비에 설치된 카드식 공중전화를 이용하거나 길을 가다가 국제전화가 가능한 공중전화를 이용한다. 시내통화는 호텔의 객실에서 걸 경우 외선번호를 누른 뒤에 상대방 전화번호를 누르면 통화할 수 있고 장거리 전화국에서도 걸 수 있다.

② **국제전화 직접 걸기** 대도시의 고급 호텔 객실에서는 직접 국제전화가 가능하다. 지방 도시나 초대소, 규모가 작은 호텔 등에서는 직접 거는 것은 어렵고 프런트에 신청해야 한다. 예를 들어, 서울 6221-3020번으로 전화한다면, 국제자동통화 식별번호(00)→국가번호(한국 82)→지역번호(서울 2 : 앞의 0은 뺀다)→수신자 전화번호(6221-3020)를 차례로 누르면 된다. 단, 호텔에서 건다면 호텔의 외선번호를 먼저 누른 뒤에 이 번호를 차례로 누른다. 호텔 전화의 경우 기본 전화요금에 호텔의 서비스요금이 10~15% 정도 추가된다.

③ **국제 자동 컬렉트콜** 해외에서 한국으로 전화할 때 교환원 및 별도의 매체(선/후불카드)를 거치지 않고 직접 시스템에 접속하여 안내방

송에 따라 이용하는 수신자 부담 서비스이다. KT나 데이콤의 번호를 누른 후 안내방송이 나오면 0과 #을 누르고 한국인 교환원에게 전화번호를 알려주면 연결해 준다.

④ **휴대폰 로밍서비스** 로밍이란 말 그대로 사용 중인 핸드폰을 다른 나라에서도 쓸 수 있게 해주는 서비스이다. 우리나라는 현재 중국, 일본, 미국 등 전 세계 대부분의 국가에 로밍서비스를 하고 있다. 로밍서비스 가능국가 및 자세한 내용은 본인의 휴대폰 통신사에 문의한다.

2 | 우편물 보내기

중국에서 한국으로 엽서나 편지를 보내려면 대개는 호텔의 프런트에서 대행해 주거나 호텔 내에 우체국을 이용한다. 한국으로의 소포는 호텔의 프런트에 우편을 대행해 주는 곳이나 중앙우체국에서 보낼 수 있다. 보내는 방법은 항공편이나 택배, 선박을 이용한다. 항공편은 베이징에서 서울까지 3~5일 정도 걸리고, EMS(國際特快傳遞郵件)로 보내면 2~3일 안에 도착한다. 우체국에서는 내용물 검사를 받은 뒤 포장을 해서 세관도장을 찍은 다음 접수창구로 간다. 한국으로 보낼 때는 봉투 우측하단에 'South Korea'를 표기하고, 좌측하단에는 항공우편일 경우 'Air Mail' 선편일 경우 'Sea Mail'이라고 표기한다.

3 | 은행 이용과 환전

중국에서 환전할 때는 반드시 은행이나 호텔의 환전소 등 공인된 곳을 이용해야 한다. 중국에는 위조화폐가 많이 돌아다니니 주의해야 한다. 호텔이나 대도시의 외국인 상대 쇼핑센터나 우의상점 등에서도 환전이 가능하다. 중국에서 ATM기를 이용해 신용카드의 현금서비스를 받기 위해서는 비자나 아메리칸 익스프레스, 마스터 카드 등 국제 신용카드를 구비해야 한다.

필수 상황표현 BEST

01 서울로 수신자부담 전화를 걸고 싶어요.

02 말씀 좀 물을게요, 공중전화는 어디에 있나요?

03 안녕하세요, 왕하오 씨 있나요?

04 메모를 부탁드립니다.

05 이 근처에 우체국이 있나요?

06 이 소포를 한국에 보내고 싶어요.

07 돈을 찾고 싶어요.

08 (아픈 곳을 가리키며) 바로 여기가 아파요.

09 배가 아파요.

10 두통약이 있나요?

我要打对方付款到首尔。
Wǒ yào dǎ duì fāng fù kuǎn dào Shǒu ěr
워 야오 다 뚜이 팡 푸 쿠안 따오 소우 얼

请问,公用电话在哪里?
Qǐng wèn gōng yòng diàn huà zài nǎ li
칭 원, 꽁 용 띠앤 화 짜이 나 리

你好,王浩先生在吗?
Nǐ hào Wáng hào xiān sheng zài ma
니 하오, 왕 하오 씨앤 성 짜이 마

请您留言。
Qǐng nín liú yán
칭 닌 리우 이앤

这儿附近有邮局吗?
Zhèr fù jìn yǒu yóu jú ma
쩔 푸 찐 요우 요우 쥐 마

我想把这个包裹寄往韩国。
Wǒ xiǎng bǎ zhè ge bāo guǒ jì wǎng Hán guó
워 시앙 바 쩌 거 빠오 구오 찌 왕 한 구오

我要取钱。
Wǒ yào qǔ qián
워 야오 취 치앤

就是这里疼。
Jiù shi zhè li téng
찌우 쓰 쩌 리 텅

我肚子疼。
Wǒ dù zi téng
워 뚜 즈 텅

有没有头痛药?
Yǒu méi yǒu tóu tòng yào
요우 메이 요우 토우 통 야오

01 국제전화

교환입니다.
我是接线员。
Wǒ shì jiē xiàn yuán
워 쓰 찌에 씨앤 위앤

한국에 국제전화를 걸고 싶어요.
我要往韩国打国际长途。
Wǒ yào wǎng Hán guó dǎ guó jì cháng tú
워 야오 왕 한 구오 다 구오 찌 창 투

수신자부담 전화가 가능한가요?
可以打对方付款的电话吗?
Kě yǐ dǎ duì fāng fù kuǎn de diàn huà ma
커 이 다 뚜이 팡 푸 쿠안 더 띠앤 화 마

서울로 수신자부담 전화를 걸고 싶어요.
我要打对方付款到首尔。
Wǒ yào dǎ duì fāng fù kuǎn dào Shǒu ěr
워 야오 다 뚜이 팡 푸 쿠안 따오 소우 얼

Let's go Cheerful Travel Chinese

전화 받는 사람은 누구라도 상관없어요.
接电话的人是谁都可以。
Jiē diàn huà de rén shì shéi dōu kě yǐ
찌에 띠앤 화 더 런 쓰 쉐이 또우 커 이

전화번호는 2-6221-3020입니다.
电话号码是2-6221-3020。
Diàn huà hào mǎ shì èr liù èr èr yāo sān líng èr líng
띠앤 화 하오 마 쓰 얼 리우 얼 얼 야오 싼 링 얼 링

끊지 말고, 기다려주세요.
别挂掉, 请等一下。
Bié guà diào qǐng děng yí xià
비에 꾸아 띠아오, 칭 덩 이 씨아

상대방이 나왔어요, 말씀하세요.
对方接电话了, 请说吧。
Duì fāng jiē diàn huà le qǐng shuō ba
뚜이 팡 찌에 띠앤 화 러, 칭 쏘우 바

통신과시설

02 공중전화

말씀 좀 물을게요, 공중전화는 어디에 있나요?
请问，公用电话在哪里？
Qǐng wèn　gōng yòng diàn huà zài nǎ li
칭원, 꽁용 띠앤 화 짜이 나 리

전화카드는 어디서 사나요?
电话卡在哪里买啊？
Diàn huà kǎ zài nǎ li mǎi a
띠앤 화 카 짜이 나 리 마이 아

안녕하세요, 왕하오 씨 있나요?
你好，王浩先生在吗？
Nǐ hǎo　Wáng hào xiān sheng zài ma
니 하오, 왕 하오 씨앤 성 짜이 마

여보세요, 왕하오입니다.
喂，我是王浩。
Wéi　wǒ shì Wáng hào
웨이, 워 쓰 왕 하오

Let's go Cheerful Travel Chinese

메모를 부탁드립니다.
请您留言。
Qǐng nín liú yán
칭 닌 리우 이앤

제게 전화 좀 해달라고 전해주실래요?
请你转告他给我回个电话。
Qǐng nǐ zhuǎn gào tā gěi wǒ huí ge diàn huà
칭 니 주안 까오 타 게이 워 후이 거 띠앤 화

제가 전화를 잘못 걸었나 봅니다.
看来我是打错电话了。
Kàn lái wǒ shì dǎ cuò diàn huà le
칸 라이 워 쓰 다 춰 띠앤 화 러

안 들리네요, 끊었다가 다시 걸게요.
听不到，我挂掉后再打。
Tīng bú dào wǒ guà diào hòu zài dǎ
팅 부 따오, 워 꽈 띠아오 호우 짜이 다

통신과 시설

03 우체국

이 근처에 우체국이 있나요?
这儿附近有邮局吗？
Zhèr fù jìn yǒu yóu jú ma
쩔 푸 찐 요우 요우 쥐 마

우표는 어디에서 파나요?
哪里卖邮票啊？
Nǎ li mài yóu piào a
나 리 마이 요우 피아오 아

이 소포를 한국에 보내고 싶어요.
我想把这个包裹寄往韩国。
Wǒ xiǎng bǎ zhè ge bāo guǒ jì wǎng Hán guó
워 시앙 바 쩌 거 빠오 구오 찌 왕 한 구오

이 소포의 무게를 달아주실래요?
请你帮我称称这包裹，好吗？
Qǐng nǐ bāng wǒ chēng chēng zhè bāo guǒ hǎo ma
치 니 빵 워 청 청 쩌 빠오 구오, 하오 마

Let's go Cheerful Travel Chinese

언제 도착하나요?
什么时候到啊？
Shén me shí hòu dào a
선 머 스 호우 따오 아

요금은 얼마인가요?
邮费是多少啊？
Yóu fèi shì duō shǎo a
요우 페이 쓰 뚜오 사오 아

소포를 보험에 들어주세요.
请将你的包裹加入保险吧。
Qǐng jiāng nǐ de bāo guǒ jiā rù bǎo xiǎn ba
칭 찌앙 니 더 빠오 구오 찌아 루 바오 시앤 바

한국으로 전보를 치고 싶어요.
我想往韩国打电报。
Wǒ xiǎng wǎng Hán guó dǎ diàn bào
워 시앙 왕 한 구오 다 띠앤 빠오

통신과 시설

04 은행과 현금자동인출기

돈을 찾고 싶어요.
我要取钱。
Wǒ yào qǔ qián
워 야오 취 치앤

지폐를 잔돈으로 바꿔주시겠어요?
请把纸币换成零钱, 好吗?
Qǐng bǎ zhǐ bì huàn chéng líng qián hǎo ma
칭 바 즈 삐 환 청 링 치앤, 하오 마

통장을 개설하고 싶어요.
我想做个存折。
Wǒ xiǎng zuò gè cún zhé
워 시앙 쭈오 꺼 춘 저

이자는 어느 정도 되나요?
利息有多少啊?
Lì xī yǒu duō shǎo a
리 씨 요우 뚜오 사오 아

Let's go Cheerful Travel Chinese

어떻게 돈을 인출하나요?
怎么取钱啊？
Zěn me qǔ qián a
전 머 취 치앤 아

여기에 당신카드를 넣어주세요.
请把你的卡插入这里边。
Qǐng bǎ nǐ de kǎ chā rù zhè li biān
칭 바 니 더 카 차 루 쩌 리 삐앤

비밀번호를 입력하세요.
请输入密码。
Qǐng shū rù mì mǎ
칭 쑤 루 미 마

승인을 눌러주세요.
请按承认键。
Qǐng àn chéng rèn jiàn
칭 안 청 런 찌앤

통신과 시설

05 병원

진료 예약을 하고 싶어요.
我想要预约看医生。
Wǒ xiǎng yào yù yuē kàn yī shēng
워 시앙 야오 위 위에 칸 이 썽

언제 진료 받을 수 있나요?
什么时候可以看医生啊?
Shén me shí hòu kě yǐ kàn yī shēng a
선 머스 호우 커 이 칸 이 썽 아

여기를 누르면 아프신가요?
按这儿疼吗?
Àn zhèr téng ma
안 쩔 텅 마

(아픈 곳을 가리키며) 바로 여기가 아파요.
就是这里疼。
Jiù shì zhè li téng
찌우 쓰 쩌 리 텅

Let's go Cheerful Travel Chinese

어젯밤부터 아프기 시작했어요.
从昨晚就开始疼起来了。
Cóng zuó wǎn jiù kāi shǐ téng qǐ lái le
총 주오 완 찌우 카이 스 텅 치 라이 러

입원해야 합니까?
要不要住院啊？
Yào bú yào zhù yuàn a
야오 부 야오 쭈 위앤 아

링거는 맞지 않겠어요.
我不想输液。
Wǒ bù xiǎng shū yè
워 뿌 시앙 쑤 예

제게 약을 처방해 주실 수 있나요?
请给我开点儿药，行吗？
Qǐng gěi wǒ kāi diǎnr yào xíng ma
칭 게이 워 카이 디알 야오, 시앙 마

통신과시설

06 아픈 증상

배가 아파요.
我肚子疼。
Wǒ dù zi téng
워 뚜즈 텅

토할 것 같아요.
我好像要呕吐。
Wǒ hǎo xiàng yào ǒu tù
워 하오 씨앙 야오 오우 투

감기 기운이 있어요.
我有点儿感冒。
Wǒ yǒu diǎnr gǎn mào
워 요우 디알 간 마오

기침을 하고 콧물이 나와요.
咳嗽还流鼻涕。
Ké sòu hái liú bí tì
커 쏘우 하이 리우 비 티

Let's go Cheerful Travel Chinese

열이 많이 났어요.
我发了高烧。
Wǒ fā le gāo shāo
워 파 러 까오 싸오

설사를 합니다.
我拉肚子了。
Wǒ lā dù zi le
워 라 뚜 즈 러

식중독인 것 같아요.
看来是食物中毒。
Kàn lái shì shí wù zhòng dú
칸 라이 쓰 스 우 쭝 두

깨진 유리 조각을 밟았어요.
我踩到了碎玻璃片。
Wǒ cǎi dào le suì bō lí piàn
워 차이 따오 러 쑤이 뽀 리 피앤

통신과시설

07 약국

약국을 찾고 있어요.
我在找药房。
Wǒ zài zhǎo yào fáng
워 짜이 자오 야오 팡

처방대로 약을 지어주세요.
请按照处方给我开药吧。
Qǐng àn zhào chǔ fāng gěi wǒ kāi yào ba
칭 안 짜오 추 팡 게이 워 카이 야오 바

약을 어떻게 복용할까요?
这个药怎么服用啊?
Zhè ge yào zěn me fú yòng a
쩌 거 야오 전 머 푸 용 아

식후 30분에 복용하세요.
要在饭后三十分服用。
Yào zài fàn hòu sān shí fēn fú yòng
야오 짜이 판 호우 싼 스 펀 푸 용

Let's go Cheerful Travel Chinese

두통약이 있나요?
有没有头痛药?
Yǒu méi yǒu tóu tòng yào
요우 메이 요우 토우 통 야오

감기약을 사려고 해요.
我要买感冒药。
Wǒ yào mǎi gǎn mào yào
워 야오 마이 간 마오 야오

소독약 좀 있나요?
有没有消毒药啊?
Yǒu méi yǒu xiāo dú yào a
요우 메이 요우 씨아오 두 야오 아

반창고와 붕대 좀 사려고 해요.
我要买胶布和绷带。
Wǒ yào mǎi jiāo bù hé bēng dài
워 야오 마이 찌아오 뿌 허 뻥 따이

통신과시설

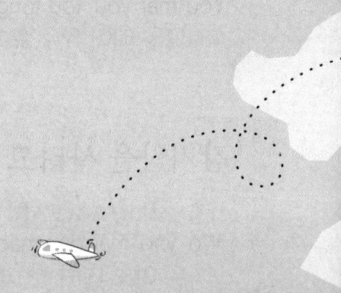

01 사고나 몸이 아플 때 02 도움 요청과 경찰신고
03 분실물 신고와 재발행 04 곤란한 상황에서의 표현

Part 09 트러블

1 | 위험사고 대처법

① **여행 사고 예방** 중국에서는 외국인 여행자를 상대로 하는 범죄가 꾸준히 늘어나고 있는 추세이므로 안전에 주의해야 한다. 관광객이 많은 유흥지, 기차역, 밤거리, 붐비는 열차나 버스에서 소매치기에 주의한다. 야간 외출이나 산책을 갈 때는 되도록 2인 이상 동행한다. 특히, 1인 배낭여행자나 단체여행자라도 개별행동을 할 때 치안에 더욱 주의한다. 길을 잃었을 때는 당황하지 말고 주변의 공공기관이나 호텔에 문의하고 택시를 이용해 안전하게 숙소로 돌아온다. 길을 잃어버릴 때를 대비하여 외출할 때는 반드시 투숙 호텔이나 숙소의 전화번호, 주소, 약도 등을 중국어로 적어서 항상 갖고 다니는 것이 좋다

② **교통사고를 당했을 때** 한국과 교통 사정이 다르기 때문에 차의 왕래가 많은 시내에서 자전거를 이용할 때나 복잡한 대도시 거리에서 사고위험이 높다. 사고가 났을 경우 중상이라면 그대로 병원에 실려 가겠지만, 경상이라면 해당 지역 공안국에 신고하고 사고처리를 해야 한다.

2 | 긴급 의료 요청

여행 중 병이 났을 때는 대부분 중국 병원을 이용할 수밖에 없다. 중국의 몇몇 대도시에 한국 병원이나 외국계 병원, 중외합작병원이 있기는

하지만 너무 극소수이고 규모도 작기 때문에 전반적인 치료를 받기에는 미흡한 점이 많다. 호텔 등에서 병원에 입원해야 할 상황이나 긴급의료를 요청할 상황이 발생하면 프런트에 연락해 의사를 부르거나 구급차를 요청한다. 만일을 위해 건강한 사람도 비상약 정도는 한국에서 미리 챙겨간다. 특히, 심장병이나 당뇨병 등 지병이 있는 사람은 복용하던 약과 진단서를 준비하고 여행보험에도 반드시 들어야 한다.

긴급 신고 110 / 구급센터 120 / 전화번호 안내 114
한국 대사관 (010)8531-0700 / 북경 공안국 (010)6521-2076

3 | 분실사고 대처법

① **여권 분실** 해당 지역 공안국 외사과에 가서 서면으로 신고하고 분실증명서를 교부받은 후, 중국 주재 한국대사관이나 영사관에 가서 분실 사실을 알리고 여권과 여행자증명서 재발급 신청수속을 한다. 여권을 분실하면 서류 절차가 상당히 복잡하고 신원 확인이 매우 까다롭다. 이처럼 여권 재발급이 어려운 것은 중국 공안국에서 여권을 매매했을 가능성을 염두에 두기 때문이다. 여행 전에 여분의 사진과 여권 유효 기간, 여권 번호를 수첩에 메모해두거나 기재사항 면을 복사해서 가지고 다녀야 유사시에 대비할 수 있다.

② **항공권 분실** 원칙적으로는 다시 구입하는 수밖에 없고, 귀국 후 현지 공안국에서 발급받은 분실증명서를 해당 항공사에 제출하면, 항공권 유효기간에 따라 일정기간 동안 사용되지 않은 경우 구제받을 수 있다.

③ **여행자수표/신용카드 분실** 공안국에 서면으로 신고하고, 신고확인서를 첨부하여 발행회사 지점으로 가서 소정절차에 따라 재발행을 신청한다. 여행 중 분실에 대비하여 수표와 신용카드 번호, 발급일자 등은 필히 메모해 둬야 한다.

필수 상황표현 BEST 10

01 의사를 불러주세요.

02 저를 병원으로 좀 데려다 주시겠어요?

03 경찰을 불러주세요.

04 한국어 하실 수 있는 분이 계신가요?

05 택시에 짐을 놓고 내렸어요.

06 어디서 분실했는지 모르겠어요.

07 여권을 잃어버렸어요.

08 저는 중국어를 잘하지 못해요.

09 당신이 말하는 게 내게는 너무 빨라요.

10 한국대사관이 어디에 있나요?

请 帮 我 叫 医 生 。
Qǐng bāng wǒ jiào yī shēng
칭 빵 워 찌아오 이 셩

麻 烦 你 带 我 去 医 院, 好 吗 ?
Má fán nǐ dài wǒ qù yī yuàn hǎo ma
마 판 니 따이 워 취 이 위앤, 하오 마

请 帮 我 叫 警 官 。
Qǐng bāng wǒ jiào jǐng guān
칭 빵 워 찌아오 징 꾸안

有 会 讲 韩 国 语 的 人 吗 ?
Yǒu huì jiǎng Hán guó yǔ de rén ma
요우 후이 지앙 한 구오 위 더 런 마

我 把 行 李 丢 在 出 租 车 上 了 。
Wǒ bǎ xíng li diū zài chū zū chē shàng le
워 바 싱 리 띠우 짜이 추 쭈 처 쌍 러

我 不 知 道 是 在 哪 儿 丢 的 。
Wǒ bù zhī dào shì zài nǎr diū de
워 뿌 쯔 따오 쓰 짜이 날 띠우 더

我 的 护 照 不 见 了 。
Wǒ de hù zhào bú jiàn le
워 더 후 짜오 부 찌앤 러

我 汉 语 说 得 不 太 好 。
Wǒ Hàn yǔ shuō de bú tài hǎo
워 한 위 쑤오 더 부 타이 하오

你 讲 得 太 快 了 。
Nǐ jiǎng de tài kuài le
니 지앙 더 타이 콰이 러

韩 国 大 使 馆 在 哪 儿 ?
Hán guó dà shǐ guǎn zài nǎr
한 구오 따 스 구안 짜이 날

01 사고나 몸이 아플 때

교통사고를 당했어요.
我被车给撞了。
Wǒ bèi chē gěi zhuàng le
워 뻬이 처 게이 쭈앙 러

다친 사람이 있어요.
有人受伤了。
Yǒu rén shòu shāng le
요우 런 쏘우 쌍 러

제 친구 다리 부분에서 피가 나요.
我朋友的腿部流血了。
Wǒ péng yǒu de tuǐ bù liú xiě le
워 펑 요우 더 투이 뿌 리우 시에 러

구급차를 불러주세요.
请帮我叫救护车。
Qǐng bāng wǒ jiào jiù hù chē
칭 빵 워 찌아오 찌우 후 처

Let's go Cheerful Travel Chinese

트러블

의사를 불러주세요.
请帮我叫医生。
Qǐng bāng wǒ jiào yī shēng
칭 빵 워 찌아오 이 썽

응급상황이에요!
这是紧急情况!
Zhè shì jǐn jí qíng kuàng
쩌쓰 진 지 칭 쾅

저를 병원으로 좀 데려다 주시겠어요?
麻烦你带我去医院，好吗?
Má fán nǐ dài wǒ qù yī yuàn hǎo ma
마 판 니 따이 워 취 이 위앤, 하오 마

제가 여행을 계속해도 될까요?
我可以继续旅行吗?
Wǒ kě yǐ jì xù lǚ xíng ma
워 커 이 찌 쉬 뤼 싱 마

02 도움 요청과 경찰신고

번거롭겠지만 저를 좀 도와주세요.
麻烦你帮一下忙。
Má fán nǐ bāng yí xià máng
마판니 빵이씨아 망

정말 급해요, 서둘러 주세요!
我很急，快点儿！
Wǒ hěn jí kuài diǎnr
워 헌 지, 쿠아이 디알

경찰을 불러주세요.
请帮我叫警官。
Qǐng bāng wǒ jiào jǐng guān
칭 빵 워 찌아오 징 꾸안

누군가에게 소매치기를 당했어요.
我被人给偷了。
Wǒ bèi rén gěi tōu le
워 뻬이 런 게이 토우 러

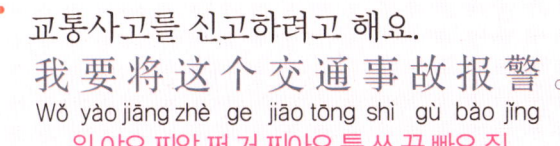

교통사고를 신고하려고 해요.
我要将这个交通事故报警。
Wǒ yào jiāng zhè ge jiāotōng shì gù bào jǐng
워 야오 찌앙 쩌 거 찌아오 통 쓰 꾸 빠오 징

경관님, 제 아이가 없어졌어요.
警察先生，我的孩子不见了。
Jǐng chá xiān sheng wǒ de hái zi bú jiàn le
징 차 씨앤 성, 워 더 하이 즈 부 찌앤 러

한국대사관에 연락해 주세요.
请给韩国大使馆打电话。
Qǐng gěi Hán guó dà shǐ guǎn dǎ diàn huà
칭 게이 한 구오 따 스 구안 다 띠앤 화

한국어 하실 수 있는 분이 계신가요?
有会讲韩国语的人吗？
Yǒu huì jiǎng Hán guó yǔ de rén ma
요우 후이 지앙 한 구오 위 더 런 마

03 분실물 신고와 재발행

분실물은 어디에 물어봐야 해요?
丢失物品应该去哪儿问?
Diū shī wù pǐn yīng gāi qù nǎr wèn
띠우 쓰우 핀 잉 까이 취 날 원

택시에 짐을 놓고 내렸어요.
我把行李丢在出租车上了。
Wǒ bǎ xíng li diū zài chū zū chē shàng le
워 바 싱 리 띠우 짜이 추 쭈 처 쌍 러

신용카드를 잃어버렸어요.
我把信用卡给丢了。
Wǒ bǎ xìn yòng kǎ gěi diū le
워 바 씬 용 카 게이 띠우 러

어디서 분실했는지 모르겠어요.
我不知道是在哪儿丢的。
Wǒ bù zhī dào shì zài nǎr diū de
워 뿌 쯔 따오 쓰 짜이 날 띠우 더

트러블

여권을 잃어버렸어요.
我的护照不见了。
Wǒ de hù zhào bú jiàn le
워 더 후 짜오 부 찌앤 러

분실증명서를 만들고 싶어요.
我想办个丢失证明。
Wǒ xiǎng bàn gè diū shī zhèng míng
워 시앙 빤 꺼 띠우 스 쩡 밍

티켓을 재발행해 주세요.
请补发张票。
Qǐng bǔ fā zhāng piào
칭 부 파 장 피아오

곧바로 재발행이 되나요?
补办护照能马上，好吗？
Bǔ bàn hù zhào néng mǎ shàng hǎo ma
부 빤 후 짜오 넝 마 쌍, 하오 마

04 곤란한 상황에서의 표현

저는 중국어를 잘하지 못해요.
我汉语说得不太好。
Wǒ Hàn yǔ shuō de bú tài hǎo
워 한 위 쑤오 더 부 타이 하오

당신이 말하는 게 내게는 너무 빨라요.
你讲得太快了。
Nǐ jiǎng de tài kuài le
니 지앙 더 타이 콰이 러

죄송하지만, 그 말을 듣지 못했어요.
不好意思，我没听到那句话。
Bù hǎo yì si wǒ méi tīng dào nà jù huà
뿌 하오 이 스, 워 메이 팅 따오 나 쮜 후아

그건 오해입니다, 그런 뜻이 아니에요.
那是误会。我不是那个意思。
Nà shì wù huì wǒ bú shì nà ge yì sī
나 쓰 우 후이. 워 부 쓰 나 거 이 쓰

Let's go Cheerful Travel Chinese

저는 이 사고와 관련이 없어요.
我 跟 这 个 事 故 没 有 关 系 。
Wǒ gēn zhè ge shì gù méi yǒu guān xì
워 껀 쩌 거 쓰 꾸 메이 요우 꾸안 씨

제가 거짓말 할 이유가 없어요.
我 没 有 理 由 说 谎 。
Wǒ méi yǒu lǐ yóu shuō huǎng
워 메이 요우 리 요우 쑤오 후앙

한국대사관이 어디에 있나요?
韩 国 大 使 馆 在 哪 儿 ?
Hán guó dà shǐ guǎn zài nǎr
한 구오 따 스 구안 짜이 날

이 전화번호로 연락해 주세요.
请 打 这 个 电 话 。
Qǐng dǎ zhè ge diàn huà
칭 다 쩌 거 띠앤 후아

01 귀국 항공편 예약과 재확인 02 예약 변경이나 취소
03 탑승 수속 04 환승 및 비행기를 놓쳤을 때 05 배웅하기

Part 10

귀국

알짜 여행정보

Tip 10
항공권 확인과 귀국

1 | 항공편 예약 재확인

해당 항공사의 공항 카운터나 사무소에 귀국 예약 항공편을 재확인해야 한다. 출발 72시간 전에 연락해 수속을 하지 않으면 성수기 때나 최악의 경우 좌석이 취소되는 경우도 있다. 여행 일정이 변경되었을 경우에도 72시간 전에 예약을 취소하고 다른 날짜의 좌석을 미리 예약해 둔다.

2 | 수화물 싣기

보통 일반석의 경우 허용된 수화물 중량은 항공사에 따라 약간의 차이는 있지만 약 20kg 정도이다. 깨지는 물건이나 카메라, 귀중품은 화물칸에 맡기지 말고 기내에 갖고 들어간다. 또 선물이나 쇼핑 물품 중에서 도착 후 세관에 신고할 물품을 따로 정리해 두면 통관절차가 간편해진다.

3 | 중국에서의 출국절차

출발 2시간 전까지 공항에 도착해 해당 항공사의 체크인카운터로 가서 항공권, 여권, 출입국신고서를 제시하고 탑승권을 받는다. 보안검색과 기내 휴대 수하물의 X-ray 검사를 받은 다음 출국장 안으로 들어간다. 탑승권에 표시된 탑승게이트에서 대기하거나 면세점 쇼핑 등 각종 편의시설을 이용할 수 있다.

4 | 귀국 가이드

한국 도착→검역→입국심사→수하물 수취→세관검사

① **한국 도착 및 검역** 기내에서 승무원이 나눠주는 검역질문서, 입국신고서, 여행자휴대품신고서를 미리 작성하면 입국수속을 편리하고 신속하게 할 수 있다. 동물·축산물 및 식물을 가지고 입국할 경우에는 국립수의과학검역원 및 식물검역소에 신고하여 검역을 받아야 하며, 수출국에서 발행한 동물 및 식물검역증을 제출해야 한다.

② **입국심사와 짐찾기** 입국심사대에서 여권, 출입국신고서 등을 심사관에게 제출한다. 입국심사대 통과 후 수하물 도착 안내전광판에서 수하물수취대 번호를 확인한 후 지정된 수하물수취대에서 자신의 수하물을 찾아서 세관검사장으로 간다.

③ **세관신고** 세관신고물품이 있는 경우 세관심사대로 가서 여행자휴대품신고서를 제출한다. 신고물품이 없는 경우에는 신고서를 제출할 필요 없이 그대로 통과한다. 외국에서 취득했거나 국내 면세점에서 구입 후 해외로 갖고 나갔다가 재반입 하는 물품으로 해외 총취득 가격 US$600를 초과하는 물품, 1인당 면세기준을 초과하여 반입한 주류 및 담배, 향수, 출국할 때 휴대반출신고를 했다가 재반입 하는 물품 등은 반드시 신고해야 한다.

필수 상황표현 BEST

01 인천으로 가는 항공편이 있나요?

02 토요일 오후에 출발하는 비행기가 있나요?

03 예약을 확인하고 싶어요.

04 예약을 좀 변경하려고 해요.

05 예약을 취소하고 싶어요.

06 대한항공 카운터가 어디인가요?

07 창가 쪽 좌석으로 주세요.

08 탑승 시간은 언제인가요?

09 1번 게이트를 알려주시겠어요?

10 고마워요, 정말 즐거웠습니다.

有去仁川的航班吗？
Yǒu qù Rèn chuān de háng bān ma
요우 취 런 추안 더 항 빤 마

有星期六上午出发的飞机吗？
Yǒu xīng qī liù shàng wǔ chū fā de fēi jī ma
요우 씽 치 리우 쌍 우 추 파 더 페이 찌 마

我想确认我的预定。
Wǒ xiǎng què rèn wǒ de yù dìng
워 시앙 취에 런 워 더 위 띵

我想变更我的预约。
Wǒ xiǎng biàn gèng wǒ de yù yuē
워 시앙 삐앤 껑 워 더 위 위에

我想取消预约。
Wǒ xiǎng qǔ xiāo yù yuē
워 시앙 취 씨아오 위 위에

大韩航空服务台在哪里？
Dà hán háng kōng fú wù tái zài nǎ li
따 한 항 콩 푸 우 타이 짜이 나 리

给我靠窗户的位子。
Gěi wǒ kào chuāng hù de wèi zi
게이 워 카오 추앙 후 더 웨이 즈

几点登机啊？
Jǐ diǎn dēng jī a
지 디앤 떵 찌 아

一号登机口在哪儿？
Yī hào dēng jī kǒu zài nǎr
이 하오 떵 찌 코우 짜이 날

多谢，我玩儿得很开心。
Duō xiè wǒ wánr de hěn kāi xīn
뚜오 씨에, 워 왈 더 헌 카이 씬

01 귀국 항공편 예약과 재확인

인천으로 가는 항공편이 있나요?
有去仁川的航班吗?
Yǒu qù Rén chuān de háng bān ma
요우 취 런 추안 더 항 빤 마

인천행 비행기를 예약하고 싶어요.
我想预定去仁川的机票。
Wǒ xiǎng yù dìng qù Rén chuān de jī piào
워 시앙 위 띵 취 런 추안 더 찌 피아오

토요일 오후에 출발하는 비행기가 있나요?
有星期六上午出发的飞机吗?
Yǒu xīng qī liù shàng wǔ chū fā de fēi jī ma
요우 씽 치 리우 쌍 우 추 파 더 페이 찌 마

일반석으로 부탁합니다.
我要经济舱的。
Wǒ yào jīng jì cāng de
워 야오 찡 찌 창 더

Let's go Cheerful Travel Chinese

예약을 확인하고 싶어요.
我想确认我的预定。
Wǒ xiǎng què rèn wǒ de yù dìng
워 시앙 취에 런 워 더 위 띵

예약 번호는 KE5803입니다.
预约号码是ＫＥ５８０３。
Yù yuē hào mǎ shì K E wǔ bā líng sān
위 위에 하오 마 쓰 케이 이 우 빠 링 싼

예약이 확인되었습니다.
你的预订已被确认。
Nǐ de yù dìng jǐ bèi què rèn
니 더 위 띵 지 뻬이 취에 런

정시에 출발하나요?
我们能准时出发吗？
Wǒ men néng zhǔn shí chū fā ma
워 먼 넝 준 스 추 파 마

02 예약 변경이나 취소

여보세요, 대한항공입니까?
喂，大韩航空吗？
Wèi Dà hán háng kōng ma
웨이 따 한 항 콩 마

예약을 좀 변경하려고 해요.
我想变更我的预约。
Wǒ xiǎng biàn gēng wǒ de yù yuē
워 시앙 삐앤 껑 워 더 위 위에

어떻게 변경하시겠습니까?
你想怎么样变更？
Nǐ xiǎng zěn me yàng biàn gēng
니 시앙 전 머 양 삐앤 껑

다음 주 토요일에 출발하고 싶어요.
我想下周六走。
Wǒ xiǎng xià zhōu liù zǒu
워 시앙 씨아 쪼우 리우 조우

Let's go Cheerful Travel Chinese

이미 예약이 다 찼습니다.
已经订满了。
Yǐ jing dìng mǎn le
이 징 띵 만 러

다른 회사 항공편은 없나요?
没有别的航空公司的班机吗?
Méi yǒu bié de háng kōng gōng sī de bān jī ma
메이 요우 비에 더 항 콩 꽁 쓰 더 빤 찌 마

귀국

예약을 취소하고 싶어요.
我想取消预约。
Wǒ xiǎng qǔ xiāo yù yuē
워 시앙 취 씨아오 위 위에

어떻게 해야 하나요?
我该怎么样做?
Wǒ gāi zěn me yàng zuò
워 까이 전 머 양 쭈오

03 탑승 수속

대한항공 카운터가 어디인가요?
大韩航空服务台在哪里？
Dà hán háng kōng fú wù tái zài nǎ li
따 한 항 콩 푸우 타이 짜이 나 리

항공권과 여권을 보여주세요.
请出示您的机票和护照。
Qǐng chū shì nín de jǐ piào hé hù zhào
칭 추 쓰 닌 더 찌 피아오 허 후 짜오

여기 있어요.
在这儿。
Zài zhèr
짜이 쩔

창가 쪽 좌석으로 주세요.
给我靠窗户的位子。
Gěi wǒ kào chuāng hù de wèi zi
게이 워 카오 추앙 후 더 웨이 즈

Let's go Cheerful Travel Chinese

탑승 시간은 언제인가요?
几点登机啊?
Jǐ diǎn dēng jī a
지 디앤 떵 찌 아

1번 게이트를 알려주시겠어요?
一号登机口在哪儿?
Yī hào dēng jī kǒu zài nǎr
이 하오 떵 찌 코우 짜이 날

제 여행용 가방만 부칠 거예요.
我只托运行李箱。
Wǒ zhǐ tuō yùn xíng li xiāng
워 즈 투오 윈 싱 리 씨앙

이 짐을 기내에 가지고 들어갈 수 있나요?
这行李可以拿到飞机上去吗?
Zhè xíng li kě yǐ ná dào fēi jī shàng qù ma
쩌 싱 리 커 이 나 따오 페이 찌 쌍 취 마

귀국

환승 및 비행기를 놓쳤을 때

갈아탈 항공편 확인은 어디에서 하나요?
在哪儿确认转机的航班啊？
Zài nǎr què rèn zhuǎn jī de háng bān a
짜이 날 취에 런 주안 찌 더 항 빤 아

어디서 비행기를 갈아탑니까?
在哪儿转机？
Zài nǎr zhuǎn jī
짜이 날 주안 찌

비행기가 얼마나 지연될까요?
飞机误点多长时间啊？
Fēi jī wù diǎn duō cháng shí jiān a
페이 찌 우 디앤 뚜오 창 스 찌앤 아

인천으로 가는 비행기를 지금 막 놓쳤어요.
我没有赶上去仁川的飞机。
Wǒ méi yǒu gǎn shàng qù Rén chuān de fēi jī
워 메이 요우 간 쌍 취 런 추안 더 페이 찌

Let's go Cheerful Travel Chinese

다음 항공편에 태워 드릴게요.
我们会让你乘坐下一次航班。
Wǒ men huì ràng nǐ chéng zuò xià yí cì háng bān
워 먼 후이 랑 니 청 쭤 씨아 이 츠 항 빤

다음 비행기는 언제 있나요?
下一次班机什么时候?
Xià yí cì bān jī shén me shí hòu
씨아 이 츠 빤 찌 선 머 스 호우

오늘 다른 비행기가 있나요?
今天还有别的班机吗?
Jīn tiān hái yǒu bié de bān jī ma
찐 티앤 하이 요우 비에 더 빤 찌 마

대기자 명단에 올려 주세요.
请把我的名字放入候机名单。
Qǐng bǎ wǒ de míng zi fàng rù hòu jī míng dān
칭 바 워 더 밍 즈 팡 루 호우 찌 밍 딴

귀국

05 배웅하기

여행은 어땠어요?
旅行怎么样?
Lǚ xíng zěn me yàng
뤼싱전머양

편안히 돌아가세요.
祝您一路平安。
Zhù nín yí lù píng ān
쭈닌이루핑안

고마워요, 정말 즐거웠습니다.
多谢,我玩儿得很开心。
Duō xiè wǒ wánr de hěn kāi xīn
뚜오 씨에, 워 왈 더 헌 카이 씬

방학이 언제부터인가요?
你什么时候开始放假?
Nǐ shén me shí hòu kāi shǐ fàng jià
니 선 머 스 호우 카이 스 팡 찌아

제 휴대폰 번호를 알려드릴게요.
我告诉你我的手机号码。
Wǒ gào su nǐ wǒ de shǒu jī hào mǎ
워 까오 수 니 워 더 소우 찌 하오 마

조만간 연락해 주길 기대할게요.
期待你的早日答复。
Qī dài nǐ de zǎo rì dá fù
치 따이 니 더 자오 르 다 푸

다음에 한국에도 한번 오십시오.
以后有机会也到韩国来一趟。
Yǐ hòu yǒu jī huì yě dào Hán guó lái yí tàng
이 호우 요우 찌 후이 예 따오 한 구오 라이 이 탕

언제든지 환영입니다.
随时都欢迎你们。
Suí shí dōu huān yíng nǐ men
수이 스 또우 후안 잉 니 먼

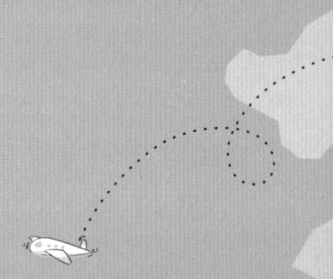

01 항공권 예약 02 공항과 기내 03 교통 관련 04 숙박 05 식당과 음식
06 관광 07 쇼핑 08 통신-전화/우체국/PC방 09 시설이용-병원/약국
10 시설이용-은행/경찰서 11 유용한 단어-숫자세기 12 유용한 단어-시간/요일
13 유용한 단어-월/계절 14 유용한 단어-가족/색깔

Part 11

분야별
여행단어

바로바로 찾아 쓰는 **분야별** 여행단어

01 · 항공권 예약

항공사	航空公司(háng kōng gōng sī)	항 콩 꽁 쓰
여행사	旅行社(lǚ xíng shè)	뤼 싱 써
대한항공	大韩航空(dà hán háng kōng)	따 한 항 콩
아시아항공	亚细亚航空(yà xì yà háng kōng)	야 씨 야 항 콩
중국민항	中国民航(Zhōng guó mín háng)	쫑 구오 민 항
국제선	国际线(guó jì xiàn)	구오 찌 씨앤
비자	签证(qiān zhèng)	치앤 쩡
여권	护照(hù zhào)	후 짜오
중국어	汉语(hàn yǔ)	한 위
한국어	韩国话(hán guó huà)	한 구오 화
항공기	飞机(fēi jī)	페이 찌
항공편	航班(háng bān)	항 빤
항공편 번호	航班号(háng bān hào)	항 빤 하오
탑승권	登机卡(dēng jī kǎ)	떵 찌 카
항공권	飞机票(fēi jī piào)	페이 찌 피아오
편도	单程(dān chéng)	딴 청
왕복	往返(wǎng fǎn)	왕 판
일등석	头等舱(tóu děng cāng)	토우 덩 창

Let's go Cheerful Travel Chinese

일반석	普通舱(pǔ tōng cāng)	푸 통 창
예약	预订(yù dìng)	위 띵
확인	确认(què rèn)	취에 런
재확인	再确认(zài què rèn)	짜이 취에 런
변경	变更(biàn gēng)	삐앤 껑
날짜	日子(rì zǐ)	르 즈
취소	取消(qǔ xiāo)	취 씨아오

02 · 공항과 기내

공항	机场(jī chǎng)	찌 창
국제공항	国际机场(guó jì jī chǎng)	구오 찌 찌 창
공항대합실	候机室(hòu jī shì)	호우 찌 쓰
출국	出境(chū jìng)	추 찡
환송	欢送(huān sòng)	후안 쏭
이륙	起飞(qǐ fēi)	치 페이
탑승수속	搭乘手续(dā chéng shǒu xù)	따 청 소우 쒸
탑승구	登记口(dēng jì kǒu)	떵 찌 코우
승객	乘客(chéng kè)	청 커
여승무원	空中小姐(kōng zhōng xiǎo jiě)	콩 쫑 시아오 지에

바로바로 찾아 쓰는 **분야별** 여행단어

좌석번호	座位号(zuò wèi hào)	쭈오 웨이 하오
기내식	航空食品(háng kōng shí pǐn)	항 콩 스 핀
이어폰	耳机(ěr jī)	얼 찌
위생봉투	清洁袋(qīng jié dài)	칭 지에 따이
구명복	救生衣(jiù shēng yī)	찌우 썽 이
산소마스크	氧气面具(yǎng qì miàn jù)	양 치 미앤 쮜
기내선반	行李架(xíng lǐ jià)	싱 리 찌아
독서등	阅读灯(yuè dú dēng)	위에 두 떵
안전벨트	安全带(ān quán dài)	안 취앤 따이
화장실	卫生间(wèi shēng jiān)	웨이 썽 찌앤
비어 있음	无人(wú rén)	우 런
사용 중	有人(yǒu rén)	요우 런
흡연금지	禁止吸烟(jìn zhǐ xī yān)	찐 즈 씨 이앤
착륙	降落(jiàng luò)	찌앙 루오
도착	到达(dào dá)	따오 다
입국신청서	入境申请表(rù jìng shēn qǐng biǎo)	루 찡 썬 칭 비아오
통과여객	经过的旅客(jīng guò de lǚ kè)	찡 꾸오 더 뤼 커
여행객	旅客(lǚ kè)	뤼 커
짐, 수하물	行李(xíng li)	싱 리
수화물인환증	行李牌(xíng lǐ pái)	싱 리 파이

짐수레	行李车(xíng li chē)	싱 리 처
검역	检疫(jiǎn yì)	지앤 이
세관직원	海关人员(hǎi guān rén yuán)	하이 꾸안 런 위앤
개인용품	个人用品(gè rén yòng pǐn)	꺼 런 용 핀
선물	礼物(lǐ wù)	리 우
반입금지	禁止进口(jìn zhǐ jìn kǒu)	찐 즈 찐 코우
면세	免税(miǎn shuì)	미앤 쑤이
면세품	免税品(miǎn shuì pǐn)	미앤 쑤이 핀
관세	关税(guān shuì)	꾸안 쑤이
신고하다	申报(shēn bào)	썬 빠오
입구	入口(rù kǒu)	루 코우
출구	出口(chū kǒu)	추 코우

03 · 교통 관련

기차	火车(huǒ chē)	후오 처
기차역	火车站(huǒ chē zhàn)	후오 처 짠
편도(기차)표	单程票(dān chéng piào)	딴 청 피아오
왕복(기차)표	往返票(wǎng fǎn piào)	왕 판 피아오
좌석	座位(zuò wèi)	쭈오 웨이

바로바로 찾아 쓰는 **분야별** 여행단어

침대칸	软卧(ruǎn wò)	루안 워
직통급행열차	直快(zhí kuài)	즈 콰이
특급열차	特快(tè kuài)	터 콰이
개찰구	剪票口(jiǎn piào kǒu)	지앤 피아오 코우
플랫폼	站台(zhàn tái)	짠 타이
시내버스	公共汽车(gōng gòng qì chē)	꽁 꽁 치 처
버스정류장	公共汽车站(gōng gòng qì chē zhàn)	꽁 꽁 치 처 짠
노선도	路线图(lù xiàn tú)	뤼 씨앤 투
택시	出租汽车(chū zū qì chē)	추 쭈 치 처
지하철	地铁(dì tiě)	띠 티에
자전거	自行车(zì xíng chē)	찌 싱 처
여객선	客轮(kè lún)	커 룬
승선표	船票(chuán piào)	추안 피아오

04 · 숙박

호텔	饭店(fàn diàn)	판 띠앤
프런트 데스크	服务台(fú wù tái)	푸 우 타이
예약하다	预订(yù dìng)	위 띵
지배인	经理(jīng lǐ)	찡 리

손님	客人(kè rén)	커 런
객실	客房(kè fáng)	커 팡
싱글룸	单人房(dān rén fáng)	딴 런 팡
트윈룸	双人房(shuāng rén fáng)	쑤앙 런 팡
메모	留言(liú yán)	리우 이앤
보관	保管(bǎo guǎn)	바오 구안
에어컨	空调(kōng diào)	콩 띠아오
텔레비전	电视(diàn shì)	띠앤 쓰
냉장고	电冰箱(diàn bīng xiāng)	띠앤 삥 씨앙
욕실	浴室(yù shì)	위 쓰
수건	毛巾(máo jīn)	마오 찐
휴지	卫生纸(wèi shēng zhǐ)	웨이 썽 즈
열쇠	钥匙(yào shi)	야오 스
복도	走廊(zǒu láng)	조우 랑
로비	大厅(dà tīng)	따 팅
엘리베이터	电梯(diàn tī)	띠앤 티
비상구	太平门(tài píng mén)	타이 핑 먼

바로바로 찾아 쓰는 **분야별** 여행단어

05 · 식당과 음식

식당	餐厅(cān tīng)	찬 팅
주문	点菜(diǎn cài)	디앤 차이
메뉴	菜单(cài dān)	차이 딴
아침식사	早饭(zǎo fàn)	자오 판
점심식사	午饭(wǔ fàn)	우 판
저녁식사	晚饭(wǎn fàn)	완 판
중국요리	中国菜(zhōng guó cài)	쭝 구오 차이
가정식	家常菜(jiā cháng cài)	찌아 창 차이
수프	汤(tāng)	탕
쌀밥	米饭(mǐ fàn)	미 판
돼지고기	猪肉(zhū ròu)	쭈 로우
닭고기	鸡肉(jī ròu)	찌 로우
소고기	牛肉(niú ròu)	니우 로우
생선	海鱼(hǎi yú)	하이 위
해산물	海鲜(hǎi xiān)	하이 씨앤
고기만두	肉包子(ròu bāo zǐ)	로우 빠오 즈
자장면	炸酱面(zhá jiàng miàn)	자 찌앙 미앤
두부	豆腐(dòu fǔ)	또우 푸

김치	泡菜(pào cài)	파오 차이
국수	面条(miàn tiáo)	미앤 티아오
과일	水果(shuǐ guǒ)	수이 구오
계란	鸡蛋(jī dàn)	찌 딴
소홍주	绍兴酒(shào xīng jiǔ)	싸오 씽 지우
맥주	啤酒(pí jiǔ)	피 지우
차	茶(chá)	차
콜라	可乐(kě lè)	커 러
커피	咖啡(kā fēi)	카 페이
미네랄워터	矿泉水(kuàng quán shuǐ)	쿠앙 취앤 수이
우유	牛奶(niú nǎi)	니우 나이
간식, 스낵	小吃(xiǎo chī)	시아오 츠
패스트푸드	快餐(kuài cān)	콰이 찬
셀프서비스	自助服务(zì zhù fú wù)	쯔 쭈 푸 우
KFC	肯德鸡(kěn dé jī)	컨 더 찌
맥도날드	麦当劳(Mài dāng láo)	마이 땅 라오
파파이스	派派思(pài pài sī)	파이 파이 쓰
피자헛	必胜客(bì shèng kè)	삐 썽 커
햄버거	汉堡(hàn bǎo)	한 바오
피자	比萨(bǐ sà)	비 싸

바로바로 찾아 쓰는 **분야별** 여행단어

삶다	水煮(shuǐ zhǔ)	수이 주
데치다	热(rè)	러
끓이다	煮(zhǔ)	주
(불에) 굽다	烤(kǎo)	카오
(밥을) 짓다	烧饭(shāo fàn)	싸오 판
볶다	用油炒(yòng yóu chǎo)	용 요우 차오
튀기다	用油炸(yòng yóu zhá)	용 요우 자
찌다	蒸(zhēng)	쩡
자르다	切(qiē)	치에
달다	甜(tián)	티앤
맵다	辣(là)	라
싱겁다	淡(dàn)	딴
짜다	咸(xián)	시앤
맛있다	好吃(hǎo chī)	하오 츠
맛없다	不好吃(bù hǎo chī)	뿌 하오 츠
냅킨	餐巾纸(cān jīn zhǐ)	찬 찐 즈
계산서	帐单(zhàng dān)	짱 딴

06 · 관광

관광	观光(guān guāng)	꾸안 꾸앙
지도	地图(dì tú)	띠 투
명승고적	名胜古迹(míng shèng gǔ jì)	밍 썽 구 찌
박물관	博物馆(bó wù guǎn)	보 우 구안
입장권	门票(mén piào)	먼 피아오
시내	市内(shì nèi)	쓰 네이
공원	公园(gōng yuán)	꽁 위앤
축제	节日(jié rì)	지에 르
경극	京剧(jīng jù)	찡 쮜
관람료	参观费(cān guān fèi)	찬 꾸안 페이
예매	预购(yù gòu)	위 꼬우
연중행사	年中活动(nián zhōng huó dòng)	니앤 쫑 후오 똥
특별행사	特别活动(tè bié huó dòng)	터 비에 후오 똥
경기장	赛场(sài chǎng)	싸이 창
유람선	游船(yóu chuán)	요우 추안
나이트클럽	夜总会(yè zǒng huì)	예 종 후이
디스코 클럽	蹦迪(bèng dí)	뻥 디
카드놀이 하다	打扑克(dǎ pū kè)	다 푸 커

바로바로 찾아 쓰는 **분야별** 여행단어

애창곡(18번)	拿手歌(ná shǒu gē)	나 소우 꺼
골프	高尔夫球(gāo ěr fū qiú)	까오 얼 푸 치우
디지털 카메라	数码相机(shù mǎ xiàng jī)	쑤 마 씨앙 찌
건전지	电池(diàn chí)	띠앤 츠
촬영금지	禁止摄影(jìn zhǐ shè yǐng)	찐 즈 써 잉

07 · 쇼핑

백화점	百货商店(bǎi huò shāng diàn)	바이 후오 쌍 띠앤
쇼핑센터	购买中心(gòu mǎi zhōng xīn)	꼬우 마이 쫑 씬
공예품점	工艺品点(gōng yì pǐn diǎn)	꽁 이 핀 디앤
차전문점	茶专卖点(chá zhuān mài diǎn)	차 쭈안 마이 디앤
판매원	售货员(shòu huò yuán)	쏘우 후오 위앤
선물	礼物(lǐ wù)	리 우
기념품	纪念品(jì niàn pǐn)	찌 니앤 핀
특산품	特产品(tè chǎn pǐn)	터 찬 핀
전통·공예품	传统工艺品(chuán tǒng gōng yì pǐn)	추안 통 꽁 이 핀
도장재료	印章材料(yìn zhāng cái liào)	인 짱 차이 리아오
중국전통 여자옷	旗袍(qí páo)	치 파오
브로치	胸针(xiōng zhēn)	씨옹 쩐

화장품	化妆品(huà zhuāng pǐn)	화 쭈앙 핀
설명서	说明书(shuō míng shū)	쑤오 밍 쑤
라지 사이즈	大号(dà hào)	따 하오
스몰 사이즈	小号(xiǎo hào)	시아오 하오
세일	大减价(dà jiǎn jià)	따 지앤 찌아
가격표	价格表(jià gé biǎo)	찌아 거 비아오
정찰제	不二价(bù èr jià)	뿌 얼 찌아
신용카드	信用卡(xìn yòng kǎ)	씬 용 카
여행자수표	旅行支票(lǚ xíng zhī piào)	뤼 싱 쯔 피아오
잔돈	零钱(líng qián)	링 치앤
포장	包装(bāo zhuāng)	빠오 쭈앙
교환	交换(jiāo huàn)	찌아오 후안
반품	退还(tuì huán)	투이 후안

08 · 통신-전화/우체국/PC방

시내전화	市内电话(shì nèi diàn huà)	쓰 네이 띠앤 화
국제전화	国际电话(guó jì diàn huà)	구오 찌 띠앤 화
공중전화	公用电话(gōng yòng diàn huà)	꽁 용 띠앤 화
교환원	话务员(huà wù yuán)	화 우 위앤

바로바로 찾아 쓰는 **분야별** 여행단어

전화번호	电话号码(diàn huà hào mǎ)	띠앤 화 하오 마
핸드폰	手机(shǒu jī)	소우 찌
우체국	邮局(yóu jú)	요우 쥐
우체통	邮筒(yóu tǒng)	요우 통
발신인	寄信人(jì xìn rén)	찌 씬 런
수신인	抬头人(tái tóu rén)	타이 토우 런
우표	邮票(yóu piào)	요우 피아오
(우편)엽서	明信片(míng xìn piàn)	밍 씬 피앤
항공우편	航空信(háng kōng xìn)	항 콩 씬
등기우편	挂号信(guà hào xìn)	꾸아 하오 씬
속달우편	快信(kuài xìn)	콰이 씬
컴퓨터	电脑(diàn nǎo)	띠앤 나오
노트북	笔记本电脑(bǐ jì běn diàn nǎo)	비 찌 번 띠앤 나오
인터넷	因特网(yīn tè wǎng)	인 터 왕
초고속 통신망	宽带网(kuān dài wǎng)	쿠안 따이 왕
인터넷 게임	网络游戏(wǎng luò yóu xì)	왕 루오 요우 씨
채팅방	聊天室(liáo tiān shì)	리아오 티앤 쓰
인터넷을 하다	上网(shàng wǎng)	쌍 왕
채팅 친구	网友(wǎng yǒu)	왕 요우
E-mail	信箱(xìn xiāng)	씬 씨앙

검색하다	搜索(sōu suǒ)	쏘우 수오
ID	用户名(yòng hù míng)	용 후 밍
비밀번호	密码(mì mǎ)	미 마
첨부 파일	附件(fù jiàn)	푸 찌앤
홈페이지	主页(zhǔ yè)	주 예
시디롬	光盘(guāng pán)	꾸앙 판
바이러스	病毒(bìng dú)	삥 두
다운되다	死机(sǐ jī)	스 찌
업그레이드	升级(shēng jí)	썽 지
프린터기	打印机(dǎ yìn jī)	다 인 찌

09 · 시설이용-병원/약국

병원	医院(yī yuàn)	이 위앤
의사	医生(yī shēng)	이 썽
간호사	护士(hù shi)	후 스
응급처치	急诊(jí zhěn)	지 전
구급차	救护车(jiù hù chē)	찌우 후 처
진단서	诊断书(zhěn duàn shū)	전 뚜안 쑤
두통	头痛(tóu tòng)	토우 통

바로바로 찾아 쓰는 **분야별** 여행단어

빈혈	贫血(pín xiě)	핀 씨에
기침	咳嗽(ké sou)	커 소우
감기	感冒(gǎn mào)	간 마오
혈압	血压(xiè yā)	씨에 야
알레르기	过敏(guò mǐn)	꾸오 민
약국	药房(yào fáng)	야오 팡
처방전	药方(yào fāng)	야오 팡
감기약	感冒药(gǎn mào yào)	간 마오 야오
소화제	消化药(xiāo huà yào)	씨아오 화 야오
아스피린	阿司匹林(ā sī pǐ lín)	아 쓰 피 린
반창고	橡皮膏(xiàng pí gāo)	씨앙 피 까오
붕대	绷带(bēng dài)	뼁 따이

10 · 시설이용-은행/경찰서

은행	银行(yín háng)	인 항
환전하다	换钱(huàn qián)	후안 치앤
지폐	钞票(chāo piào)	차오 피아오
동전	硬币(yìng bì)	잉 삐
달러	美元(měi yuán)	메이 위앤

인민폐	人民币(rén mín bì)	런 민 삐
현금	现金(xiàn jīn)	씨앤 찐
신용카드	信用卡(xìn yòng kǎ)	씬 용 카
여행자 수표	旅行支票(lǚ xíng zhī piào)	뤼 싱 쯔 피아오
경찰	警察(jǐng chá)	징 차
경찰서	警察署(jǐng chá shǔ)	징 차 수
파출소	派出所(pài chū suǒ)	파이 추 수오
도난	被盗(bèi dào)	뻬이 따오
경찰에 신고하다	报警(bào jǐng)	빠오 징
분실증명서	遗失证明书(yí shī zhèng míng shū)	이 쓰 쩡 밍 쑤
교통사고	交通事故(jiāo tōng shì gù)	찌아오 통 쓰 꾸

11. 유용한 단어-숫자세기

0, zero	零(líng)	링
1	一(yī)	이
2	二(èr)	얼
3	三(sān)	싼
4	四(sì)	쓰
5	五(wǔ)	우

바로바로 찾아 쓰는 **분야별** 여행단어

6	六(liù)	리우
7	七(qī)	치
8	八(bā)	빠
9	九(jiǔ)	지우
10	十(shí)	스
11	十一(shí yī)	스 이
12	十二(shí èr)	스 얼
13	十三(shí sān)	스 싼
14	十四(shí sì)	스 쓰
15	十五(shí wǔ)	스 우
16	十六(shí liù)	스 리우
17	十七(shí qī)	스 치
18	十八(shí bā)	스 빠
19	十九(shí jiǔ)	스 지우
20	二十(èr shí)	얼 스
30	三十(sān shí)	싼 스
40	四十(sì shí)	쓰 스
50	五十(wǔ shí)	우 스
60	六十(liù shí)	리우 스
70	七十(qī shí)	치 스

80	八十(bā shí)	빠 스
90	九十(jiǔ shí)	지우 스
100	一百(yī bǎi)	이 바이
200	二百(èr bǎi)	얼 바이
300	三百(sān bǎi)	싼 바이
1,000	一千(yī qiān)	이 치앤
10,000	一万(yī wàn)	이 완
100,000	一十万(yī shí wàn)	이 스 완
1,000,000	一百万(yī bǎi wàn)	이 바이 완
한 개	一个(yī gè)	이 꺼
두 개	两个(liǎng gè)	리앙 꺼
세 개	三个(sān gè)	싼 꺼
네 개	四个(sì gè)	쓰 꺼
다섯 개	五个(wǔ gè)	우 꺼
여섯 개	六个(liù gè)	리우 꺼
일곱 개	七个(qī gè)	치 꺼
여덟 개	八个(bā gè)	빠 꺼
아홉 개	九个(jiǔ gè)	지우 꺼
열 개	十个(shí gè)	스 꺼
첫째	第一(dì yī)	띠 이

바로바로 찾아 쓰는 **분야별** 여행단어

둘째	第二(dì èr)	띠 얼
셋째	第三(dì sān)	띠 싼
넷째	第四(dì sì)	띠 쓰
다섯째	第五(dì wǔ)	띠 우
여섯째	第六(dì liù)	띠 리우
일곱째	第七(dì qī)	띠 치
여덟째	第八(dì bā)	띠 빠
아홉째	第九(dì jiǔ)	띠 지우
열 번째	第十(dì shí)	띠 스

12 · 유용한 단어-시간/요일

10분	十分(shí fēn)	스 펀
15분	十五分(shí wǔ fēn)	스 우 펀
20분	二十分(èr shí fēn)	얼 스 펀
30분	三十分(sān shí fēn)	싼 스 펀
한 시간	一个小时(yī gè xiǎo shí)	이 꺼 시아오 스
두 시간	两个小时(liǎng gè xiǎo shí)	리앙 꺼 시아오 스
세 시간	三个小时(sān gè xiǎo shí)	싼 꺼 시아오 스
1시	一点(yī diǎn)	이 디앤

2시	二点(èr diǎn)	얼 디앤
3시	三点(sān diǎn)	싼 디앤
4시	四点(sì diǎn)	쓰 디앤
5시	五点(wǔ diǎn)	우 디앤
6시	六点(liù diǎn)	리우 디앤
7시	七点(qī diǎn)	치 디앤
8시	八点(bā diǎn)	빠 디앤
9시	九点(jiǔ diǎn)	지우 디앤
10시	十点(shí diǎn)	스 디앤
11시	十一点(shí yī diǎn)	스 이 디앤
12시	十二点(shí èr diǎn)	스 얼 디앤
아침	早上(zǎo shàng)	자오 쌍
정오	中午(zhōng wǔ)	쫑 우
저녁, 밤	晚上(wǎn shàng)	완 쌍
밤	夜晚(yè wǎn)	예 완
오전	上午(shàng wǔ)	쌍 우
오후	下午(xià wǔ)	씨아 우
일요일	星期天(xīng qī tiān)	씽 치 티앤
월요일	星期一(xīng qī yī)	씽 치 이
화요일	星期二(xīng qī èr)	씽 치 얼

여행 분야별 단어

수요일	星期三(xīng qī sān)	씽 치 싼
목요일	星期四(xīng qī sì)	씽 치 쓰
금요일	星期五(xīng qī wǔ)	씽 치 우
토요일	星期六(xīng qī liù)	씽 치 리우
이번주	这个星期(zhè gè xīng qī)	쩌 꺼 씽 치
다음주	下个星期(xià gè xīng qī)	씨아 꺼 씽 치
지난주	上星期(shàng xīng qī)	쌍 씽 치
매주	每个星期(měi gè xīng qī)	메이 꺼 씽 치
오늘	今天(jīn tiān)	찐 티앤
내일	明天(míng tiān)	밍 티앤
모레	后天(hòu tiān)	호우 티앤
어제	昨天(zuó tiān)	주오 티앤
그제, 그저께	前天(qián tiān)	치앤 티앤
매일	每天(měi tiān)	메이 티앤

13 · 유용한 단어 – 월/계절

1월	一月(yī yuè)	이 위에
2월	二月(èr yuè)	얼 위에
3월	三月(sān yuè)	싼 위에

4월	四月(sì yuè)	쓰 위에
5월	五月(wǔ yuè)	우 위에
6월	六月(liù yuè)	리우 위에
7월	七月(qī yuè)	치 위에
8월	八月(bā yuè)	빠 위에
9월	九月(jiǔ yuè)	지우 위에
10월	十月(shí yuè)	스 위에
11월	十一月(shí yī yuè)	스 이 위에
12월	十二月(shí èr yuè)	스 얼 위에
이번달	这个月(zhè gè yuè)	쩌 꺼 위에
다음달	下个月(xià gè yuè)	씨아 꺼 위에
지난달	上个月(shàng gè yuè)	쌍 꺼 위에
매월(달)	每个月(měi gè yuè)	메이 꺼 위에
월말	月底(yuè dǐ)	위에 디
봄	春天(chūn tiān)	춘 티앤
여름	夏天(xià tiān)	씨아 티앤
가을	秋天(qiū tiān)	치우 티앤
겨울	冬天(dōng tiān)	똥 티앤

여행 분야별 단어

14 · 유용한 단어-가족/색깔

할아버지	爷爷(yé ye)	예 예
할머니	奶奶(nǎi nai)	나이 나이
아버지	爸爸(bà ba)	빠 바
어머니	妈妈(mā ma)	마 마
부모	父母(fù mǔ)	푸 무
아들	儿子(ér zǐ)	얼 즈
딸	女儿(nǚ ér)	뉘 얼
남편	丈夫(zhàng fū)	짱 푸
아내	太太(tài tai)	타이 타이
형제	兄弟(xiōng dì)	씨옹 띠
자매	姐妹(jiě mèi)	지에 메이
조카	侄子(zhí zǐ)	즈 즈
조카딸	侄女(zhí nǚ)	즈 뉘
숙부	叔父(shū fù)	쑤 푸
숙모	叔母(shū mǔ)	쑤 무
형, 오빠	哥哥(gē ge)	꺼 거
누나, 언니	姐姐(jiě jie)	지에 지에
남동생	弟弟(dì di)	띠 디

여동생	妹妹(mèi mei)	메이 메이
남자	男人(nán rén)	난 런
여자	女人(nǚ rén)	뉘 런
흰색	白色(bái sè)	바이 써
빨간색	红色(hóng sè)	홍 써
노란색	黄色(huáng sè)	후앙 써
갈색	棕色(zōng sè)	쫑 써
녹색	绿色(lǜ sè)	뤼 써
회색	灰色(huī sè)	후이 써
파란색	蓝色(lán sè)	란 써
하늘색	天蓝色(tiān lán sè)	티앤 란 써
검은 색	黑色(hēi sè)	헤이 써

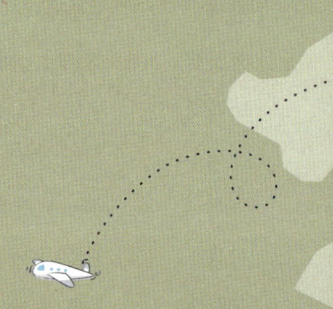

01 인사말과 소개 표현　02 다양한 의사 표현　03 입출국 상황에서
04 대중교통과 이동　05 숙소 이용　06 식당에서　07 관광 즐기기
08 쇼핑할 때　09 통신과 시설 이용　10 트러블

Part 12

필수 영어표현

01 인사말과 소개 표현

01 안녕하세요.

02 오랜만입니다.

03 처음 뵙겠습니다.

04 제 이름은 ○○○라고 합니다.

05 만나 뵙게 되어 반갑습니다.

06 어디에서 오셨어요?

07 저는 한국 서울에서 왔어요.

08 안녕히 가세요. 잘 지내세요.

09 또 만나요.

10 좋은 하루[여행] 되세요.

Hi! / Hey! / Hello.
하이 / 헤이 / 헬로우

Long time no see.
롱 타임 노우 씨

How do you do?
하우 두 유 두

My name is ○○○.
마이 네임 이즈 ○○○

I'm glad to meet you.
아임 글래 투 밋츄

Where are you from?
웨얼 아 유 프럼

I'm from Seoul, Korea.
아임 프럼 서울 코리어

Good bye. Take care.
굿 바이. 테익 케얼

See you again.
씨 유 어겐

Have a nice day [good trip].
해버 나이스 데이 [굿 트립]

02 다양한 의사 표현

01 고맙습니다. / 정말 고마워요.

02 실례합니다. / 미안합니다.

03 천만에요. / 별말씀을요.

04 네, 그렇게 생각해요.

05 아니오, 그렇게 생각하지 않아요.

06 지금 몇 시인가요?

07 오늘 날씨가 어떤가요?

08 부탁 좀 해도 될까요?

09 다시 한 번 말해주세요.

10 조금 더 천천히 말씀해 주시겠어요?

Let's go Cheerful Travel Chinese

Thank you. / Thanks a lot.
땡큐 땡스 어 랏

Excuse me. / I'm sorry.
익스큐즈 미 아임 쏘리

You're welcome. / Not at all.
유아 웰컴 낫 엣 올

Yes, I think so.
예쓰, 아이 띵 쏘우

No, I don't think so.
노우, 아이 돈 띵 쏘우

What time is it now?
왓 타임 이짓 나우

How's the weather today?
하우즈 더 웨덜 터데이

Would you do me a favor?
우쥬 두 미 어 페이벌

Pardon me?
파든 미

Could you speak more slowly?
쿠쥬 스픽 모얼 슬로울리

03 입출국 상황에서

01 (탑승권을 보이며) 제 자리는 어디인가요?

02 (승무원에게) 음료수를 주세요.

03 (여행 목적은?) 관광입니다. / 쇼핑입니다.

04 제 짐이 아직 나오지 않았어요.

05 신고할 것이 없습니다.

06 항공편 예약을 재확인하고 싶어요.

07 대기자 명단에 올려주세요.

08 대한항공 카운터는 어디인가요?

09 창가 쪽 자리로 주세요.

10 인천행 탑승 게이트가 여기인가요?

Excuse me, where's my seat?
익스큐즈 미, 웨얼즈 마이 씻

I'd like something to drink, please.
아이드 라익 썸띵 투 드링크 플리즈

Sightseeing. / Shopping.
싸잇씨잉   샤핑

My baggage hasn't arrived.
마이 배기지 해즌 어라이브드

I have nothing to declare.
아이 햅 나띵 투 디클레어

I'd like to reconfirm my flight.
아이드 라익 투 리컨펌 마이 플라잇

Put me on the waiting list, please.
풋 미 온 더 웨이팅 리슷 플리즈

Where's the Korean Airlines counter?
워얼즈 더 코리언 에어라인즈 카운털

A window seat, please.
어 윈도우 씨잇 플리즈

Is this the gate for Incheon?
이즈 디스 더 게이트 풔 인천

04 대중교통과 이동

01 지하철역이 어디인가요?

02 지하철 노선표를 구할 수 있나요?

03 택시 승차장은 어디인가요?

04 (주소를 보여주며) 이곳으로 가 주세요.

05 여기서 내려 주세요.

06 다음 직행버스는 몇 시에 오나요?

07 기차 시간표를 부탁해요.

08 다음 열차는 몇 시에 출발하나요?

09 승차권은 어디서 사야 하나요?

10 상해행 편도로 두 장 주세요.

Let's go Cheerful Travel Chinese

Where is the subway station?
웨얼 이즈 더 썹웨이 스테이션

May I have a subway map?
메이 아이 해버 썹웨이 맵

Where is the taxi stand?
웨어리즈 더 택시 스텐드

Take me to this address, please.
테익 미 투 디스 어드레스 플리즈

Please let me out here.
플리즈 렛 미 아웃 히얼

When is the next nonstop bus?
웬 이즈 더 넥슷 넌스탑 버스

I'll have a train time table, please.
아일 해버 트레인 타임 테이블 플리즈

What time will the next train leave?
왓 타임 윌 더 넥슷 트레인 리브

Where can I get a ticket?
웨얼 캐나이 게러 티킷

Two one-way tickets to Shanghai, please.
투우 원웨이 티킷츠 투 샹하이 플리즈

영어표현

05 숙소 이용

01 오늘밤 방 있나요?

02 1박에 얼마입니까?

03 아침식사 포함인가요?

04 방을 좀 보여 주세요.

05 여긴 507호실이에요. 룸서비스 부탁해요.

06 내일 아침 6시에 모닝콜 부탁해요.

07 지금 곧 제 방을 치워 주세요.

08 도와주세요. 열쇠를 방에 둔 채 문을 닫았어요.

09 이 짐을 보관해 주시겠어요?

10 체크아웃을 부탁합니다.

Do you have a room for tonight?
두 유 해버 룸 풔 터나잇

How much for a night?
하우 머취 풔러 나잇

Is breakfast included?
이즈 브렉풔스트 인클루디드

Let me see the room.
렛 미 씨 더 룸

I'm in room 507. Room service, please.
아이민 룸 파이브 오 쎄븐. 룸 썰비스 플리즈

I need a wake-up call at 6:00 tomorrow.
아이 니더 웨이컵 콜 앳 식쓰 터마로우

Please clean my room now.
플리즈 클린 마이 룸 나우

Help me. I locked myself out.
헬프 미. 아이 락트 마이쎌파웃

Can you keep this baggage for me?
캐뉴 킵 디스 배기지 풔 미

I'd like to check out now.
아이드 라익 투 체카웃 나우

06 **식당**에서

01 지금 시간 식사할 수 있을까요?

02 오늘저녁 2인석을 예약하고 싶어요.

03 메뉴를 보여주시겠어요?

04 어떤 요리가 좋은가요?

05 여기 주문 받아 주실래요?

06 (메뉴를 가리키며) 이걸로 하겠습니다.

07 주문한 요리가 아직 안 나왔어요.

08 작은 접시 좀 주시겠어요?

09 음식이 아주 맛있군요.

10 여기 계산해 주세요.

Can I have a meal now?
캐나이 해버 미일 나우

I'd like to have a table for two this evening.
아이드 라익 투 해버 테이블 풔 투우 디스 이브닝

May I see a menu?
메 아이 씨 어 메뉴

What do you recommend?
왓 두 유 레커멘드

May I order, please?
메 아이 오덜 플리즈

I'll have this.
아일 해브 디스

My order hasn't come yet.
마이 오덜 해즌트 컴 옛

Could you bring us some small plates?
쿠쥬 브링 어스 썸 스몰 플레이츠

That meal was very delicious.
댓 미일 워즈 베리 딜리셔스

Let me have the bill, please.
렛 미 햅 더 빌 플리즈

07 관광 즐기기

01 여행 안내소는 어디에 있나요?

02 관광지도 있나요?

03 베이징의 시내 관광을 하고 싶어요.

04 한국어 하는 가이드가 있나요?

05 개관[폐관]은 몇 시입니까?

06 이 복장으로 들어갈 수 있나요?

07 입장료는 얼마인가요?

08 티켓 두 장 주세요. / 로열석으로 주세요.

09 여기서 사진 찍어도 되나요?

10 저희들 사진 좀 찍어주시겠어요?

Where is the tourist information office?
웨어리즈 더 투어리스트 인포메이션 오피스

Do you have a tourist map?
두 유 해버 투어리스트 맵

I'd like to see the sights of Beijing.
아이드 라익 투 씨 더 싸잇츠 어브 베이징

Is there a Korean-speaking guide?
이즈 데어러 코리언 스피킹 가이드

What time does it open [close]?
왓 타임 더짓 오우펀 [클로우즈]

Can I enter dressed like this?
캐나이 엔털 드뤠스드 라익 디스

How much is admission?
하우 머취 이즈 어드미션

Two ticket, please. / A royal seat, please.
투우 티킷 플리즈   어 로우얄 씨잇 플리즈

May I take pictures here?
메 아이 테익 픽철스 히얼

Would you mind taking our picture?
우쥬 마인드 테이킹 아우얼 픽철

08 쇼핑할 때

01 ○○○을 찾고 있어요.

02 그냥 구경 중이에요.

03 저거 좀 보여주세요.

04 어느 것이 이 지역 특산품인가요?

05 좋아요. 이것으로 주세요.

06 (모두) 얼마인가요?

07 좀 비싸군요. 조금 할인해 주세요.

08 면세 처리를 해주시겠습니까?

09 이 신용카드로 지불할 수 있나요?

10 이것을 반품하겠어요.

I'm looking for a ○○○.
아임 루킹 풔 러 ○○○

I'm just looking around.
아임 저슷 루킹 어라운드

Show me that one, please.
쇼우 미 댓 원 플리즈

What are the specialty products of this region?
왓 아 더 스페셜티 프라덕츠 어브 디스 리전

That's fine. I'll take this one.
댓츠 파인. 아일 테익 디스 원

How much is it (all together)?
하우 머취 이짓 (올 투게덜)

Too expensive. Discount a little, please.
투우 익스펜시브. 디스카운터 리를 플리즈

Could you fill out the duty-free form for me?
큐쥬 피라웃 더 듀티프리 프럼 풔 미

Is this credit card OK?
이즈 디스 크레딧 카알드 오우케이

I'd like to return this.
아이드 라익 투 리턴 디스

09 통신과 시설 이용

01 한국으로 국제전화를 부탁합니다.

02 이 근처에 공중전화가 있나요?

03 여보세요, ○○○라고 합니다.

04 ○○○씨 계십니까?

05 국제 소포로 보내 주세요.

06 한국으로 보내는 우편요금은 얼마입니까?

07 인터넷 카페는 어디에 있나요?

08 한 시간 이용 요금이 얼마인가요?

09 돈을 인출하고 싶어요.

10 현금 인출 한도가 어떻게 되나요?

I'd like to make a call to Korea, please.
아이드 라익 투 메이커 콜 투 코리어 플리즈

Is there a pay phone around here?
이즈 데어러 페이 포운 어라운드 히얼

Hello. This is ○○○ speaking.
헬로우. 디스 이즈 ○○○ 스피킹

May I talk to Mr. ○○○?
메 아이 토크 투 미스터 ○○○

I'd like to send this by international courier service.
아이드 라익 투 쎈 디스 바이 인터내셔늘 커리얼 서비스

How much is the postage to Korea?
하우 머취 이즈 더 포우스티쥐 투 코리어

Where is an Internet cafe?
웨얼 이즈 언 인터넷 캐페이

How much is it per hour?
하우 머취 이짓 펄 아우얼

I'd like to withdraw some money.
아이드 라익 투 위드로 썸 머니

What's the limit for a withdrawal?
왓츠 더 리밋 풔러 위드로얼

10 트러블

01 도와주세요!

02 응급 상황이에요!

03 경찰을 불러주세요!

04 의사 좀 불러주세요.

05 병원에 데려다 주십시오.

06 택시에 짐을 놓고 내렸어요.

07 여권을 잃어버렸어요.

08 분실증명서를 발행해 주시겠어요?

09 통역자를 불러주세요.

10 한국대사관에 연락해 주세요.

Please help me!
플리즈 헬프 미

That's an emergency!
댓츠 언 이멀전씨

Please call the police!
플리즈 콜 더 폴리스

Call a doctor, please.
콜 어 닥털 플리즈

Please take me to the hospital.
플리즈 테익 미 투 더 허스피들

I left my baggage in the taxi.
아이 레픗 마이 배기지 인 더 택씨

I lost my passport.
아이 로스트 마이 패스폴트

Could you make a report of the loss?
쿠쥬 메이커 리폿 어브 더 로스

Call for an interpreter, please.
콜 풔 언 인터퓌덜 플리즈

Please call the Korean Embassy.
플리즈 콜 더 코리언 엠버씨

여 행 자 메 모

성 명 [Full Name]		
생년월일 [Date of Birth]		
국 적 [Nationality]		
직업 및 직장명 [Occupation]		
현주소 [Home Address]		
현지 연락처 (Address in Domestic)		
여권 번호 [Passport No.]		
비자 번호 [Visa No.]		
항공권 번호 [Air Ticket No.]		
여행자수표 번호 [Traveler Fs check No.]		
신용카드 번호 [Credit Card No.]		
항공기편명 [Flight Name]		
출발지 [Port of Departure]		
목적지 [Destination]		